結婚移住女性の
メンタルヘルス

異文化ストレスと適応過程の
臨床心理学的研究

一條玲香
Ichijo Reika

明石書店

はじめに

2017年12月、在留外国人数は256万1848人であり、過去最高に達した。日本人人口が減少傾向にある一方で、日本で暮らす外国人は年々増え続けている。近年の外国人の増加は留学生や技能実習生の増加によるところが大きいが、移民を認めていない日本において、長期的に日本で暮らす外国人は特別永住者や日本人との結婚によって定住するようになった人々が大半である。結婚によって日本にやってきた人々は、カルチャーショックや異文化ストレスを経験しながら、日本での生活を送ることとなる。80年代頃から増加した国際結婚により日本に定住することとなった結婚移住女性が抱える生活問題や心理的問題は，主に社会学や人類学，精神医学の分野から指摘されながらも、心理学ではあまり注目されることがなかった。日本に長期居住する外国人の中でも、恐らく最も数が多いと思われる[i]彼女たちのメンタルヘルスを研究することは、今後も在住外国人の増加が予想される日本社会において重要な知見を提供することとなるだろう。

本書は，日本に暮らす結婚移住女性のメンタルヘルスについて臨床心理学の視点から考察したものである。第Ⅰ部「本研究の問題と目的」、第Ⅱ部「実証研究」、第Ⅲ部「総合考察と今後の課題」の三部構成になっている。

第Ⅰ部では、日本に暮らす外国人の状況と先行研究、本研究の問題と目的について述べた。「第1章　日本で暮らす外国人の状況」では、日本における外国人の状況について，在留数の推移，在留資格，外国人政策の側面から整理した。「第2章　結婚移住女性のメンタルヘルスに関する先行研究」では，はじめに移民研究における女性移民のメンタルヘルス研究に

---

i 　在留資格では国際結婚の推定が難しく、日本国籍を取得すると在留外国人統計では捉えられなくなるため、正確な数を把握することができない。

ついて主に欧米の文献から検討した後、近年研究が盛んになってきている韓国と台湾における結婚移住女性のメンタルヘルス研究についてレビューを行った。最後に，日本におけるメンタルヘルス研究を主に精神医学，心理，社会福祉，看護の領域から整理した。「第3章　本研究の目的」では，諸外国における結婚移住女性研究と比較して，日本における結婚移住女性研究が少ないこと，原因追及型の事例研究が多く，成功例や当事者の経験に着目した研究が少ないこと，また長期的視点にたったプロセス研究が必要であることを先行研究の課題として指摘した。これらの点を踏まえ，本研究の目的を提示した。

　第Ⅱ部は、実証研究であり、外国人相談を対象とした研究と結婚移住女性を対象とした研究（量的・質的）から構成される。なお第6章から第8章の研究にあたっては、平成26-27年度公益財団法人上廣倫理財団研究助成を受けた。「第4章　外国人相談の傾向と心理的問題－全国調査から－」では、長期居住者で，30代～40代の女性からの相談が比較的多く，心理的問題を抱える相談者が一定数いること，その背景として「異文化ストレス」，「配偶者との関係」，「経済的問題」が想定されることが明らかとなった。「第5章　外国人相談の傾向と心理的問題－相談事例から－」では、心理的問題を抱える相談の8割が女性からの相談であり，日本人の配偶者である外国人女性が多く，家庭内不和や離婚を背景とする問題が多いことが明らかとなった。さらにいずれの問題にも異文化ストレスが関連していることが示唆された。

　「第6章　結婚移住女性の異文化ストレス尺度作成の試み」では、異文化ストレス尺度を作成した。その結果，結婚移住女性の異文化ストレスは，社会文化ストレス，言語ストレス，離郷ストレスであることが明らかとなり，滞在年数と学歴が日本語能力に影響を及ぼし，日本語能力が言語ストレスに影響を及ぼすことが明らかとなった。「第7章　結婚移住女性の精神的健康」では、第6章で作成した異文化ストレス尺度をもとに、精神的健康に影響を及ぼす要因について検討した。その結果、情緒受領サ

ポート，文化社会ストレス，母国の友人との交流，日本語能力が精神的健康に影響する変数であることが明らかとなった。また日本における結婚移住女性の精神的健康状態は，諸外国における先行研究と大きく異なることはなかったが，抑うつが疑われる人が約4割おり，結婚移住女性の精神的健康状態が決して楽観視できる状態にないことが示された。

「第8章 結婚移住女性の異文化適応過程」では，結婚移住女性のライフストーリーから異文化適応過程におけるライフイベントと保護要因について検討した。保護要因には，同国人や家族によるサポートや社会関係資本、日本語能力のみならず，個人の考え方や物事の捉え方の特徴としての異文化性の一般化と強調といった内的リソースなどがあることが明らかとなった。

第Ⅲ部では、総合考察と残された課題と今後の方向性，心理社会的支援への示唆について述べた。

なお本書は、筆者が2017年3月に東北大学大学院教育学研究科に提出した博士論文（教育学）「結婚移住女性のメンタルヘルスと異文化適応に関する臨床心理学的研究」をもとに、加筆修正したものである。出版にあたっては、平成30年度日本学術振興会科学研究費補助金「研究成果公開促進費（学術図書）（課題番号18HP5187）」の交付を受けた。

結婚移住女性のメンタルヘルス──異文化ストレスと適応過程の臨床心理学的研究

目　次

はじめに ……………………………………………………………… 3

第Ⅰ部　本研究の問題と目的

第1章　日本で暮らす外国人の状況 ……………………………… 10
　　第1節　在留外国人の推移と外国人政策 ……………………… 10
　　第2節　定住外国人の特徴 ……………………………………… 11
　　第3節　用語の定義－結婚移住女性 …………………………… 12

第2章　結婚移住女性のメンタルヘルスに関する先行研究 ……… 14
　　第1節　移民女性のメンタルヘルス …………………………… 14
　　第2節　アジアにおける近年の結婚移住女性研究 …………… 18
　　第3節　日本における結婚移住女性研究 ……………………… 27

第3章　本研究の目的 ……………………………………………… 43
　　第1節　先行研究の課題 ………………………………………… 43
　　第2節　本研究の目的と意義 …………………………………… 45

第Ⅱ部　実証研究

第4章　外国人相談の傾向と心理的問題－全国調査から－ ……… 48
　　第1節　問題と目的 ……………………………………………… 48
　　第2節　方　法 …………………………………………………… 49
　　第3節　結果と考察 ……………………………………………… 51
　　第4節　全体考察 ………………………………………………… 56

第5章　外国人相談の傾向と心理的問題－相談事例から－ ……… 59
　　第1節　問題と目的 ……………………………………………… 59
　　第2節　方　法 …………………………………………………… 59
　　第3節　結果と考察 ……………………………………………… 62
　　第4節　全体考察 ………………………………………………… 76

第6章　結婚移住女性の異文化ストレス尺度作成の試み ………… 79
　　第1節　問題と目的 ……………………………………………… 79
　　第2節　方　　法 ………………………………………………… 80
　　第3節　結　　果 ………………………………………………… 86
　　第4節　考　　察 ………………………………………………… 93

第7章　結婚移住女性の精神的健康 …………………………………… 96
　　第1節　問題と目的 ……………………………………………… 96
　　第2節　方　　法 ………………………………………………… 99
　　第3節　結　　果 ………………………………………………… 100
　　第4節　考　　察 ………………………………………………… 108

第8章　結婚移住女性の異文化適応過程 …………………………… 113
　　第1節　問題と目的 ……………………………………………… 113
　　第2節　方　　法 ………………………………………………… 115
　　第3節　結果と考察 ……………………………………………… 120
　　第4節　全体考察 ………………………………………………… 145

第Ⅲ部　総合考察と今後の課題

第9章　実証研究の総合考察 ………………………………………… 156
　　第1節　実証研究の概要 ………………………………………… 156
　　第2節　結婚移住女性のメンタルヘルスと異文化適応 ……… 160
　　第3節　心理社会的支援への示唆 ……………………………… 165

第10章　今後の課題 …………………………………………………… 167
　　第1節　本研究の課題と今後の方向性 ………………………… 167
　　第2節　結　　語 ………………………………………………… 169

　　引用文献 ………………………………………………………… 170
　　資　　料 ………………………………………………………… 187
　　おわりに ………………………………………………………… 209
　　索　　引 ………………………………………………………… 212

第Ⅰ部
本研究の問題と目的

第1章
日本で暮らす外国人の状況

第1節　在留外国人の推移と外国人政策

　平成27年末現在，日本に在住する外国人は，223万2189人と過去最高に達した（法務省，2016b）。日本の総人口が減少傾向にある（総務省統計局，2015）一方で，日本で暮らす外国人は漸増傾向にあり，中でもニューカマーである一般永住者は増加し続けている（図1-1）。さらに年間約1万人が日本に帰化している（法務省，2016c）。彼・彼女らは，在留外国人統計からは消えてしまうため，日本で暮らす外国にルーツを持つ人は公表されている在留外国人数を大きく上回ることが想定される。

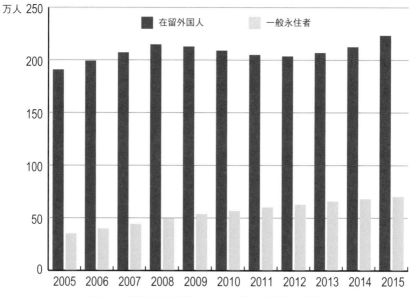

図1-1　在留外国人数および一般永住者数の推移
（法務省 2006, 2011, 2016a より筆者作成）

このような外国人住民の増加および定住化を背景として，総務省は，2005年6月に「多文化共生の推進に関する研究会」を設置した。報告書では，「外国人を観光客や一時的滞在者としてのみならず，生活者・地域住民として認識する視点が日本社会には求められており，外国人住民への支援を総合的に行うと同時に，地域社会の構成員として社会参画を促す仕組みを構築することが重要である」(総務省, 2006) としている。生活者・地域住民として外国人を捉えることの重要性が指摘されており，生活支援として，「定住化に伴う生活上の様々な課題に関して，総合的な支援を行うことが求められる」(総務省, 2006) としている。

異文化において外国人が様々なストレスや葛藤を抱えることは，先行研究（桑山, 1995a; 賽漢卓娜, 2011; 鈴木, 2012; 武田, 2011）において指摘されているところであり，日常生活と密接に関連している。したがって外国人の生活支援を考える上で，メンタルヘルスの予防や増進は重要な課題であるといえる。

近年日本では，少子高齢化に伴う生産労働人口の減少に関連して，外国人労働者の受け入れが議論されている（法務省入国管理局, 2014）。2008年からはEPA（経済連携協定）による外国人看護師・介護者福祉士候補者の受け入れを行っている。2020年には東京オリンピックを控え，今後も日本に流入する外国人の増加が見込まれ，日本社会の多文化化，日本社会における外国人の重要性がより一層高まっていくことが想定される。

このように日本社会の少子高齢化，在住外国人の増加，外国人施策の転換といった状況を踏まえると，在住外国人のメンタルヘルス研究は日本社会にとって喫緊の課題であるといえる。

第2節　定住外国人の特徴

日本で暮らす外国人を在留資格別に見ると，オールドカマーである特別永住者を除き，一般永住者，定住者，日本人の配偶者といった帰国を前提としない外国人が45％，約半数を占める（図1-2）。そのうち女性は61％

にのぼる（法務省, 2016b）。

　落合・カオ・石川（2007）によると，外国人単純労働者の長期滞在を厳格に制限している日本では，新規流入外国人に占める婚姻移動の割合が高いという。日本における国際結婚は，妻が外国人の婚姻件数が約71％を占めている（厚生労働省, 2016）。これらのことから，ニューカマー定住外国人の特徴として，日本人男性と結婚した外国人女性が浮かび上がってくる。そこで，本研究では日本人男性と結婚した外国人女性のメンタルヘルスに着目する。

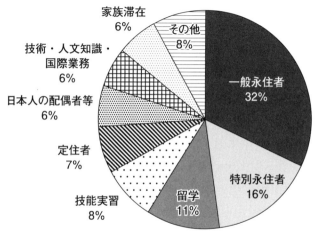

図1-2　平成27年度末　在留資格別割合
（法務省 2016b より筆者作成）

第3節　用語の定義—結婚移住女性

　本論では，日本人男性と結婚した外国出身女性を結婚移住女性とし，日本に帰化した外国人女性も含める。結婚移住女性（marriage immigrant women），結婚移民（marriage immigrant）は，経済的に豊かな国の男性と結婚する場合に用いられることもある。また日本では，過疎高齢化の進む地方において，経済格差を背景として仲介型国際結婚した外国人女性に用いられている場合もある。このような使用例において，結婚移住女性は，

「農村花嫁」,「外国人花嫁」,「外国人妻」といったステレオタイプ化した
イメージと結びついている[1]。しかしながら，国の経済格差を根拠に結婚
を経済目的と断定することも，自由恋愛だからといって経済目的ではない
と断定することも困難である。また自由恋愛か経済目的かで結婚を分ける
ことで，石井（2005）は，「経済的な目的目当てで結婚した人を『不純な』
『本来の形でない』結婚として，周縁化する傾向を持っている」と指摘す
る。さらには，どのような経緯で結婚したかにかかわらず，異文化で生活
することはストレスフルなことである。また，もし結婚経緯によってメン
タルヘルスの状態や適応が異なるのであれば，研究対象を限定したままで
は，比較検討を行うこともできない。したがって本論では，単に日本人男
性と結婚した外国出身女性という意味で用いることとする。

1　日本とアジア諸国との経済格差を利用して農村男性の結婚難を解消するために行われた「売買
　　婚」であり，お金のために日本人と結婚した「かわいそうな女性」と女性の人格を尊重しない日
　　本人男性といった否定的な言説（武田，2011）。

第Ⅰ部　本研究の問題と目的

第2章
結婚移住女性のメンタルヘルスに関する先行研究

第1節　移民女性のメンタルヘルス

　移民女性の健康についてレビューを行った Aroian（2001）によると，90年代に書かれた292の論文のうち，メンタルヘルスに関する研究は，25.1%であった。レビューの結果，心理的問題の表出には，ジェンダー差があるとしながらも，移民女性は，移民男性やホスト国のマイノリティの女性よりも心理的問題を抱えるリスクがあると結論付けられている。また移民の心理的問題に関連する変数は，収入，仕事，教育，文化変容の程度と伝統的価値観の保持度合い，言語，年齢，一般的な生活ストレス，健康，ソーシャルサポート，コーピング資源，移住以前のトラウマがあり，これらの変数は女性においてより影響があるとする。一方で，これらの変数が男女によって質的に異なることも指摘している。エスニック集団などの集団間の比較については，研究が少ないため，結果は決定的なものではないと結論付けている。

　Aroian（2001）のレビューには，移民女性のメンタルヘルスのリスクが高いこと，心理的問題に関連する変数を検討する場合には，ジェンダーなどの社会的文脈を考慮しなければならないことが示されている。集団間の比較においても，単に研究が少ないというだけでなく，ホスト社会に入った時期やホスト社会での受け入れ状況など，そのエスニック集団が置かれた社会的文脈も十分に検討する必要がある。

　Guruge, Thomson, George & Chaze（2015）は，ソーシャルサポートおよび社会的衝突と移民女性のメンタルヘルスの関連についてレビューを行った。ソーシャルサポートは，移民女性の適応に役立ち，うつや心理的問題を予防し，ケアやサービスにつなぐ一方で，ソーシャルサポートが欠

如していたり，ソーシャルネットワークが衝突の根源となるときには，移民女性のメンタルヘルスに悪影響を及ぼすと結論付けている。

また移民女性のメンタルヘルスの社会的規定因について，Delara（2016）は社会生態学的枠組みからレビューを行い，移住後の規定因は文化，社会，地域およびヘルスシステムの3領域において調査されているとした。文化領域では，多くの研究が，文化的アイデンティティが移民女性のメンタルヘルスや病気に対する反応を形作っているとした。社会領域では，社会関係，ソーシャルサポート，社会的影響，社会的統合，社会的位置，ジェンダー差別，人種差別，社会経済的地位，被害者性とメンタルヘルスの関連が論じられてきたとする。地域およびヘルスシステムの領域では，コミュニティやヘルスケアサービスへのアクセスについて論じている。このようなサービスにアクセスするときの障壁として，コミュニケーションバリア，心理的バリア，社会的バリア，スピリチュアルおよび宗教的バリア，構造的バリア，経済的バリア，文化的バリアがあるとする。

移民女性のメンタルヘルス研究では，産後や老人期に着目した研究も行われている。産後うつについて，移民女性の方が，非移民女性よりもリスクが高いと言われている（Almeida, Caldas, Ayres-de-Campos, Salcedo-Barrientos & Dias, 2013; Collins, Zimmerman & Howard, 2011; Falah-Hassani, Shiri, Vigod & Dennis, 2015）。また老人について，Kuo, Chong & Joseph（2008）は，男性よりも女性の方がうつが高いと結論付けているが，それは生物学的な性差というよりも心理社会的，文脈的要素に基づくものだと述べている。以上の移民女性に関する研究を概観すると，移民女性は，移民男性やホスト国の女性と比較して，メンタルヘルス上のリスクが高いといえる。移住以前の状況，文化的要因，社会的要因，援助要請などがメンタルヘルスの関連要因として検討されている。いずれの研究においても，強調されていることは，社会的文脈を考慮することである。移民女性のメンタルヘルスの規定因について概観している Chandra（2011）も，先行研究によって明らかにされたことは，移民のメンタルヘルスは様々な文脈や個人の性格に依存するという

ことであると述べている。例えば，女性がメンタルヘルスのリスクが高いということは，社会経済的，あるいは教育的レベルが低い者はメンタルヘルスのリスクが高いということと同義かもしれないし，あるエスニック集団の抑うつ率が高いということは，失業率が高く，言語的困難がある集団は，抑うつ率が高いということと同義かもしれない。この場合，特定の集団は，その集団が置かれた社会的文脈における属性を通してリスクと結びついている。したがって，ある国における特定集団の特徴をそのまま別の国にも当てはめることには，慎重にならなければならない。ある集団の特徴を明らかにすることは，臨床上，予防や対処を考える上で重要なことであるが，その社会，社会的文脈におけるその集団の特徴を解明することが重要であるといえる。

　ところで，移民女性のメンタルヘルス研究において，どのような結婚をしているかについてほとんど言及されていない。同じ文化的背景を持つもの同士の結婚なのか，あるいは国際結婚のように異なる文化的背景を持つ結婚なのかは，移住女性のメンタルヘルスや適応を考える上で非常に重要である。Akthar（1999）は，結婚相手の民族性によって移住経験は異なるとした。同じ民族での結婚は，同じバックグラウンドを持つという感情的な結びつきが有利であるが，故郷やそこを離れた悲しみから放れることがより難しく，移住先の人と結婚することは，移住による孤独を生むが，パートナーが新しい世界への架け橋となるとしている。このように結婚相手の民族性が異文化適応やメンタルヘルスに与える影響が指摘されているにもかかわらず，北米における移民女性のメンタルヘルスに関する研究では，誰と結婚しているかについての言及はほとんどない。

　国際結婚に関するレビューを行った Cottrell（1990）によると，1930 年から 1980 年の間で，宗教や人種，民族など異なる集団間での結婚について書かれた 367 の論文の中で，国際結婚について書かれたものは，13％しかなかった。アメリカにおいて国際結婚は，社会的問題ではなかったが，第二次世界大戦後，戦争花嫁に関する研究が 1970 年代まで行われる。しかしながら若者の異文化間接触や国際結婚が増えていたにもかかわらず，

このトピックはあまり関心が払われなかったとしている。

外国人妻への数少ないインタビュー調査では，職業，友人関係，支援組織が社会的統合に重要であること（Imamura, 1990）や夫婦が互いの背景を認め合い，知ろうとすることが結婚生活に重要であること（Kahn, 1997）などが明らかにされている。

近年の北米における結婚移住女性研究は，「メールオーダーブライド」という新しい現象の出現もあり，人権やDV（Domestic Violence）の視点から論じられている（Dickerson & Frydenlund, 2013; Noorfarah, 2008）。これらの研究は，結婚移住女性がホスト社会において，配偶者に依存しなければいけない社会制度がDVの背景にあると指摘している。

歴史的に多くの移民によって成り立ってきた北米や周辺諸国や旧植民地から多くの移民を受け入れてきた欧州では，文化的，民族的，宗教的に異なる者同士の結婚は珍しくなく，心理学的な対象とならなかったことが考えられる。近藤・尹（2013）は，米国・カナダ・オーストラリア・フランス・ドイツといった欧米諸国と日本・韓国の相違点について，これらの国が移民によって建国された，あるいは労働力不足を補うために，過去に大量の外国人労働移民を受け入れた歴史を有しており，それゆえ確固たる移民政策が存在する点を指摘している。一方で米国において結婚移住が不可視化される理由について，Dickerson & Frydenlund（2013）は，第一に反移民感情に訴えるため，外国の「異種性」を否定することにより，同化を求める感情があること，第二に西洋的な自由価値により，公と私を厳密に区別するため，私的領域である結婚に政府が関与しないことを挙げている。米国においては，大枠での移民政策や移民研究があるものの，結婚領域に踏み込んだ政策や研究がなされていないことがうかがえる。同様の点は，カナダにおいても指摘することができる。カナダの移民政策と結婚移住女性についてまとめている尹（2013）によると，執筆にあたり政府の統計庁をはじめ，関連資料やデータを確認したが，結婚移住女性に関する資料が見当たらず，結婚移住女性は移民全体を対象とした多文化政策の定住

第Ⅰ部　本研究の問題と目的

支援プログラムの中でともに活用することができるとされているようだと結論付けている。

　また量的研究においては，個人で移住する国際結婚移民よりも，エスニックコミュニティや移民女性全体を対象とする方が規模も大きく，調査対象にしやすかったことが考えられる。

第2節　アジアにおける近年の結婚移住女性研究

　アジア域内における女性の単身国際移動は，1980年代中頃からアジアNIEs[2]の経済力上昇を受け，特に家事労働者の移動を中心にして「移動の女性化（feminization of migration）」を大規模に引き起こしてきた（小ヶ谷，2013）。「単身で移動するのは男性であり，女性はその後に呼び寄せられる家族移民である」という移民理論の定説をくつがえすような状況が，とりわけアジアにおいて急速に出現するようになった（同書）。

　1980年代後半以降，アジアにおいては特に90年代以降顕著になった「国際移動の女性化」は，女性の国際移動が量的に増えただけでなく，質的にみると，女性移住者が行く先々で担う活動や役割は家事，子育て，高齢者ケア，看護といった分野に集中し，国際結婚の場合にも家族形成に深く関わっている（伊藤，2008）。「国際移動の女性化」はグローバリゼーションの過程がモノやサービスの生産領域だけでなく，生殖やケア労働といった人間の再生産領域にまで深く食い込んできていることの表れである（同書）。日本では，移住家事労働者の導入はされなかったものの，80年代以降，大量の「ホステス（＝エンターテイナー）」がフィリピン，タイなどから来日し，これと並行してアジア諸国出身女性との国際結婚も増加した（伊藤・足立，2008）。この国際結婚の傾向は，韓国や台湾で顕著である（同書）。

2　Newly Industrializing Economies「新興工業経済地域」石油危機の影響で世界経済が不況下にあった1970年代以降に工業品の輸出を急増させた発展途上国。経済協力開発機構（OECD）は79年に，新興工業諸国（NICS：Newly Industrializing Countries）として，韓国，台湾，香港，シンガポールなどの10ヶ国を挙げたが，88年に中国に対する政治的配慮から，NIESという用語が使用されるようになった（朝日新聞社，2007）。

第2章　結婚移住女性のメンタルヘルスに関する先行研究

　このような状況を背景として，近年，韓国や台湾において，結婚移住女性のメンタルヘルスに関する研究が行われている。本節では，韓国，台湾における研究を概観した後，東アジアにおける結婚移住女性のメンタルヘルスについてまとめる。

　論文検索ツール EBSCO host を用いて，「MEDLINE」，「Academic Search Premier」，「CINAHL」から，検索式「women or female」「immigrant*」「married or marriage」「stress or anxiety or depression or mental」で文献を抽出し，研究対象や内容，地域を吟味した。また抽出した文献の引用リストなどからも文献を抽出し，英語もしくは日本語で書かれた文献 21 件を対象とした。文献は，韓国と台湾における研究に分かれた。それぞれの研究の規模や用いられている尺度について表2-1, 表2-2 にまとめた。尺度は，人口学的な指標や言語能力を除き，メンタルヘルスの指標とその他の指標に分けた。標準化されていない指標は，具体的な内容あるいは文献内の引用をそのまま記した。

1　韓国における結婚移住女性のメンタルヘルス研究

　Kim（2010）によると，韓国では，90 年代半ばから，韓国人男性と経済的な安定を求める外国人女性の結婚が増加し始め，90 年代後半に急増した。韓国人男性と外国人女性との婚姻は，都市部よりも，農漁村地域を含む道地域の占める比率が高く，2009 年，韓国内で婚姻した農林漁業に従事する韓国人男性の 35.2％が外国人女性と婚姻しており，そのうち農漁村地域に限っては，38.7％とさらに高い数値になっている（自治体国際化協会ソウル事務所, 2011）。また国籍別では，2009 年の韓国男性と外国人女性との婚姻のうち，中国（45.2％），ベトナム（28.8％），フィリピン（6.5％）の順であり，3ヶ国が占める比率は 80.6％で大部分を占める（同書）。国際結婚の増加に伴い結婚移住女性の DV 被害や健康領域において言語的・文化的問題を抱えることが浮き彫りとなってきた（Kim, 2010）。韓国政府は，2007 年に「在韓外国人処遇基本法」を，2008 年には，「多文化家族支援法」

19

表 2-1 韓国における結婚移住女性研究

No	研究	規模 (人)	研究協力者内訳 (人数もしくは%)				メンタルヘルス指標	その他の指標
			ベトナム	中国	フィリピン	その他		
1	Hwang et al. (2010)	570	570				Psychological Well-Being Index – Short Form	Dietary behaviors. Eating practices. Dietary intake, Anthropometric parameters, Blood pressure, Blood profiles
2	Im et al. (2014)	501	169	146	102	ロシア 24、モンゴル 32、日本 28	GHQ-28	Culture shock questionnaire(Mumford's), Coping resources
3	Kim et al. (2010)	165	96	44	25			Social support tool(Liabsuetrakul et al.2007), stress(Cohen et al.1983), practice of prenatal care(Cha.1999)
4	Kim et al. (2011)	316	37.5%	25.7%	19.0%	その他 17.8%	CES-D	MSPSS (the Multidimensional Scale o Perceived Social Support)
5	Kim & Kim (2013)	173	49.1%	26.5%			CED-D-K	ASS(Acculturative Stress Scale), Korean language literacy scale
6	Kim et al. (2013)	223	29.7%	35.2%	10.5%	日本 5%	CES-D 10	VIA(Vancouver Index of Acculturation), SAFE(the Social.Attitudinal. Familial and Environmental Acculturative Stress), General stress, Marital satisfaction
7	Kim et al. (2015)	316	118	81	60	その他 57	CES-D	Health status, Health behaviors
8	Lee et al. (2014)	74	21	15	16	ロシア・ウズベキスタン 7、モンゴル 4、日本 4、タイ 3	SCL-90-R	
9	Park et al. (2016)	190	73	72	17	日本 12、カンボジア 6、その他 6		SMFMI(Stress meaurement of female marriage immigrants)
10	尹他 (2012)	719	267	164	141	カンボジア 31、タイ 23、モンゴル 19、日本 56、カザフスタン 3、インドネシア 2、その他 13	GHQ-12	日常生活の苛々感（夫に対する否定的感情、家族・近隣の人々に対する否定的感情、韓国文化に対する否定的感情、社会活動の制約感、経済的困窮感、コミュニケーション制限感）

表2-2　台湾における結婚移住女性研究

No	研究	規模(人)	研究協力者内訳(人数もしくは%)				メンタルヘルス指標	その他の指標
			ベトナム	中国	インドネシア	その他/備考		
1	Chen, H.-H. et al. (2013)	203	66	137			EPDS (Edinburgh Postnatal Depression Scale)	Social assimilation, Social attitude, Social support
2	Chen, W. et al. (2013)	1001				(都市582, 地方419) 男女含む(女性約96%)	BSRS-5(Brief Symptom Rating Scales)	Self-rated physical health, Social support
3	Chou (2010)	94	37	41		東南アジア16(インドネシア, タイ, フィリピン, マレーシア)	CHQ-12 TDQ (Taiwanese Depression Questionnire)	RAPM (Raven's Advanced Progressive Matrices)
4	Chou et al. (2010)	801	417	119	167	98	DRPST(disaster-related psychological screening test)	MOS SF-36(Medical Outcomes Study Short Form-36)
5	Huang & Mathers (2008)	106	92		14		EPDS (Edinburgh Postnatal Depression Scale)	
6	Kuo et al. (2013)	485	215	144		フィリピン43	CHQ-12	EAAM-C
7	Lin & Hung (2007)	143	143				BDI-Ⅱ (Beck Depression Inventory Ⅱ)	APGAR (Life Adaptation Scale, Social Support Scale)
8	Shu et al. (2011)	129	45	43	41		CHQ-12	EPQ
9	Yang et al. (2010)	203	203				DISD (Demand of Immigration Specific Distress)	
10	Yang & Wang (2011a)	203	203				SF-36-V2(The 36-item Short Form Health Survey-Version2)	SL-ASIA (Suinn-Lew Asian Self-Identity Acculturation)
11	Yang & Wang (2011b)	203	203				SF-36-V2(The 36-item Short Form Health Survey-Version2)	

を制定し，保健福祉家族省による3年毎の実態調査，差別や偏見の防止と多様性を認める土壌づくり，多文化家族への情報提供や教育支援を推進していくことの必要性が盛り込まれた（尹・朴・鄭・金・中嶋，2012）。

　このような状況を背景に，近年結婚移住女性のメンタルヘルスに関する研究が盛んになってきている。メンタルヘルスを測る指標は様々であるが，多くの研究が現地の人よりも移住女性の方が悪い状態にあると結論付けている（Im, Lee, & Lee, 2014; Kim, Yang, Kwon & Kim, 2011; Kim & Kim, 2013; Lee, Park, Hwang, Im & Ahn, 2014）。抑うつに関連のある変数として，生活満足度（Kim & Kim, 2013），文化変容ストレス（Kim & Kim, 2013; Kim, Kim, Moon, Park & Cho, 2013），韓国語能力（Kim et al., 2011; Kim & Kim, 2013; Kim et al., 2013），結婚満足度（Kim et al., 2013），世帯構成（Kim et al., 2013），家族からのサポート（Kim et al., 2011），出身国，死産経験，健康認知，食事を抜くこと，運動（Kim, Yang, Chee, Kwon & An, 2015）が挙げられている。精神的健康では，「家族・近隣の人々に対する否定的感情」と「経済的逼迫感」（尹他，2012），結婚満足度（Lee et al., 2014）が関連する変数として挙げられている。

　結婚移住女性のストレスに関する研究も行われており，ストレス尺度は家族，親，文化，経済の4因子から構成されることが明らかにされている（Park, Yang & Chee, 2016）。韓国語能力，経済力の違いによりストレスに差が生じていた。

　産前ケアとソーシャルサポート，ストレスに関する研究（Kim, Choi & Ryu, 2010）や心理的問題と不適切な食事の関連を指摘した研究（Hwang, Lee, Kim, Chung & Kim, 2010）も行われている。

2　台湾における結婚移住女性のメンタルヘルス研究

　台湾では，90年代以降中国大陸，東南アジア系女性と台湾人男性との結婚が増加し，2003年には結婚全体の約3割を占めるまでに上った（横田，2008）。国籍別では，1987年から2007年の累計で，中国，ベトナム，イン

ドネシアの順に多い（同書）。ウ（2010）は，結婚移住女性は家庭内問題と
社会的問題に直面するとし，家庭内問題として，言語障壁と文化的差異，
結婚当事者の教育レベルの低さ，経済的脆弱性，家庭内不和と権力の不均
衡，地域社会との隔絶，育児と教育，社会的問題として偏見を挙げてい
る。台湾政府は，「外籍興大陸配偶照顧輔導措施」（外国籍および中国籍配偶
者ケア・指導施策）を取り，2005年より10年間，予算を組み，結婚移住者
の適応指導教室や語学教室，子ども支援を進めている（横田，2008）。2005
年から2008年の施政方針に結婚移住者の生活適応，言語教育，関連する
特別研究，親教育，法律支援などが盛り込まれ，予算がつけられた（ウ，
2010）。

　このような状況を背景に，台湾でも結婚移住女性のメンタルヘルスに関
する研究が行われている。

　Yang & Wang（2011a, 2011b）は，結婚移住のベトナム人女性と台湾人女
性のHRQL（Health-related quality of life）の比較を行い，ベトナム人女性の
健康状態が悪いことを明らかにし，身体的健康よりもメンタルヘルスの方
が悪いことを報告している。また6.4％のベトナム人女性が高レベルの移住
に伴う困難を抱えるとしている（Yang, Wang & Anderson, 2010）。Shu, Lung
& Chen（2011）も精神障害が疑われる人の割合は，台湾女性よりベトナム，
インドネシア女性の方が高いとする。一方Chou, Chen, Liu, Ho, Tsai, Ho,
Chao, Lin, Shen & Chen（2010）の研究では，結婚移住女性と現地女性の
QOLと抑うつを比較した結果，大うつエピソードを持つ割合は，現地の女
性と比べて，結婚移住女性の方が低く，QOLも高かった。この結果は，先
行研究の結果と異なるとした上で，その要因について，第一により過酷な
状況から逃れて移住してきたためストレスを低く評価した可能性があるこ
と，第二に出身国でのうつ病率が低いこと，第三に台湾政府の支援の成
果，第四に比較対象にバイアスがあった可能性を述べている（同書）。移民
の健康に関して，移住当初は，現地の人よりも移民の健康状態が良いとさ
れるHealthy-immigrant-effectという概念がある（Guruge, Collins & Bender,

第Ⅰ部　本研究の問題と目的

2008)。同書によれば，Healthy-immigrant-effect の背景には，移民を選択する基準（厳しい健康検査）と移住過程に関する要因（より健康な人は，そうでない人より移動する）があり，移住 10 年以降は現地の人よりも健康を崩しやすいことが報告されている。Chou et al.（2010）の対象とした人々の平均滞在年数は，6.58 ± 3.87 年であることから，現地の人よりもメンタルヘルスの状態が良かった要因として Healthy-immigrant-effect も考えられるだろう。

　Yang ＆ Wang（2011b）は，メンタルヘルスに関連する変数として居住年数，子の数，婚姻状況，教育レベル，配偶者の宗教，配偶者の雇用状況，文化変容レベルを挙げている。

　その他の変数との関連では Kuo, Chang, Chang, Chou ＆ Chen（2013）は，文化変容態度[3]の台湾版を用いて，ベトナム人がフィリピン人より分離が多いこと，夫が一時雇用者であるほど，周辺化されやすいこと，教育レベルが高い人ほど統合傾向にあることなどを明らかにしている。

　また Lin ＆ Hung（2007）は，生活適応とソーシャルサポート，抑うつの関連について検討を行い，ソーシャルサポートと生活適応度に正の相関が，ソーシャルサポートと抑うつ，生活適応度と抑うつに負の相関があることを明らかにした。個人属性との関連では，滞在年数，結婚年数，夫の年齢とソーシャルサポートの間に正の相関があり，使用言語，夫との出会い，居住形態によってソーシャルサポートに差が，また収入によって，抑うつ度と生活適応度に差がみられたとしている。

　都市と地方の結婚移住者の比較研究（Chen, Shiao, Lin, ＆ Lin, 2013）によると，身体的健康で，都市と地方の差はみられなかったが，メンタルヘルスでは地方の方が悪かった。しかし条件を統制した結果、差はみられなかった。また地方ではソーシャルサポートがメンタルヘルスと身体的健康のキーとなる一方で，ソーシャルサポートに加え，文化変容度，社会経済

───────────
3　分離・同化・統合・周辺化の 4 類型。詳しくは，第 8 章参照。

24

的地位，家族構造が都市の移住者にとって重要であることを明らかにしている。

　母親（Chou, 2010）や産後うつ（Chen, Hwang, Tai & Chien, 2013; Huang & Mathers, 2008）といったテーマでも調査が行われている。結婚移住の母親の70％は心理的問題を抱え，24％が抑うつ状態にあり，この調査では人口学的変数のうち滞在年数だけが抑うつを予測する変数となった（Chou, 2010）。同書は，出身国に対する差別や偏見，家庭内での文化的衝突や孤独を経験することで，滞在年数が長くなるにつれて，自虐的，孤独になるとし，母国文化からの長期間の分離とソーシャルサポートの欠如が抑うつと滞在年数の長さを関連付けているとする。産後うつとの関連では，結婚移住女性の産後うつの有病率は現地の女性より高いこと（Huang & Mathers, 2008），産後のソーシャルサポートは，直接的，間接的に産後うつを軽減することが指摘されている（Chen et al., 2013）。

3　韓国・台湾における結婚移住女性のメンタルヘルス研究のまとめ

　韓国・台湾における結婚移住女性のメンタルヘルス研究の特徴として，研究対象者が主に経済格差のあるアジア出身女性であることを指摘できよう。韓国・台湾における結婚移住女性研究は，社会経済的な現象である「国際移動の女性化」を背景として盛んに行われるようになってきた。したがって，当然のことながら研究対象者は，韓国，台湾よりも経済力が低い国あるいは地域，出身の結婚移住女性たちということになる。欧米における数少ない異文化間結婚の研究（Kahn, 1997）や当事者たちの体験（大沢, 1989）を参照すると，異文化間結婚において心理的困難を抱えるのは，経済格差のある国や地域出身の女性たちに限ったことではない。しかしながら，韓国，台湾における研究は，グローバル経済というコンテクストにおける結婚移住女性を扱っているため，欧米出身の結婚移住女性は含まれず，主に経済格差のあるアジア出身の女性が対象となっている。

　結婚移住女性のメンタルヘルスの状況について，多くの研究は，通常の

第 I 部　本研究の問題と目的

状態あるいは産後いずれにおいても現地の女性よりも良好ではないと結論
付けている。メンタルヘルスとの関連要因について，様々な変数が検討さ
れている。結婚移住女性のメンタルヘルス関連要因を表2-3にまとめた。

　結婚移住女性のメンタルヘルス関連要因は，主に六つの領域に分類でき
る。第一に結婚以前の要因，第二から第四に，本人，夫，家族の属性，第
五に言語能力，そして第六に心理尺度である。心理尺度には，ストレス
（異文化・一般），変容・適応度，満足度（生活・結婚・QOL・苛々感），ソー
シャルサポートなどがある。

　一方で研究手法上の課題として，韓国における研究レビューを行った
Nho, Park, Kim, Choi & Ahn（2008）も指摘するように，それぞれの研究で
使われている尺度や指標が多様であり，またそれらの翻訳手続きが適切に
行われているか示されていない場合もあることが挙げられる。対象の属性

表2-3　メンタルヘルス関連要因

項目	
1 移住以前	夫との出会い
2 本人の属性	出身国 滞在年数 教育レベル
3 夫の属性	年齢 雇用形態 宗教
4 家族の属性	世帯構成（二世帯か一世帯か） 結婚年数 子の数 経済状況
5 言語	外国語能力
6 心理尺度	ストレス（異文化・一般） 文化変容度 生活適用度 満足度（生活・結婚・QOL・苛々感） ソーシャルサポート

第2章 結婚移住女性のメンタルヘルスに関する先行研究

や規模も様々であり，欧米の研究同様，条件が統制されていない研究もあることから，変数の影響については慎重にならなければならないだろう。

第3節 日本における結婚移住女性研究

日本において異文化を扱う心理学は，1970年に "*Journal of Cross-Cultural Psychology*（異文化間心理学研究）" が創刊され，70年以降この分野における課題や方法が多様化していった（渡辺・大塚, 1979）。70年代後半は文化学習や文化適応に関する研究が盛んであり，渡辺・大塚（1979）は，それらを外国旅行の影響，在日留学生，文化学習法，カルチャー・ショックの四つに大別している。中でも日本で暮らす外国人を対象とした心理学的な研究において，最も蓄積のある分野は，在日外国人留学生を対象としたものであろう。高井（1989）や譚・渡邊・今野（2011）は，在日留学生に関する心理学的研究のレビューを行っている。在日外国人の精神保健についての文献レビューでは，対象者は中国帰国者や留学生が多く，研究者の所属機関は医療・保健機関が最も多く，臨床現場のニーズが高いことが指摘されている（岡田・李, 1995）。一方，留学生以外の在住外国人に関する研究は，80年代以降少ないながらも徐々に増えていった。労働者，女性，母親，子ども，患者，「外国人花嫁」，国際結婚，アイデンティティ，エスニシティといった多様な切り口から心理学的研究が行われるようになった（阿部・野内・井上・田中, 2006; 江畑, 1989; 本間, 1996; 今村・高橋, 2004; 木村, 1997b, 1998; 桑山, 1995a; 箕浦, 1984, 1990; 大西, 2003; 鈴木, 2012; 辻本, 1998; 矢吹, 2011）。本節では，病院を受診した外国人患者に関する研究と外国人女性，結婚移住女性，ドメスティック・バイオレンス（以下DV），母親を切り口としたメンタルヘルス研究からまとめることとする。

1 精神科を受診した外国人患者に関する研究における外国人女性

本項では，精神科を受診した外国人患者に関する研究から外国人女性の精神疾患の特徴を明らかにすることを目的とする。「CiNii Articles」にお

第Ⅰ部　本研究の問題と目的

いて，「外国人，精神」と検索したところ，181 件の論文が抽出された。このうち外国人労働者や日本人医療関係者を主たる対象としたものを除き，外国人女性について言及している論文を抽出した。抽出された論文の引用から，さらに論文を抽出し，9 件の論文を対象とした（表2-4）。

　病院を受診した外国人についての研究からは，属性や症状を知ることができる。本項では，患者としての外国人の姿から外国人女性のメンタルヘルスについて考察を行う。

　大西・大滝・中山・清水（1987）は，1976 年から 1985 年にかけて東京

表 2-4　精神科を受診した外国人に関する研究

研究者	研究方法	調査地域	対象	規模	主な出身国	主な診断名
阿部・比賀 (2004)	症例検討	東京	患者	80（男 38，女 42）	ラテンアメリカ	気分障害
江畑 (1989)	症例検討	東京	救急事例	24（男 15，女 9）	米国（5 例）	精神分裂病 反応性精神病 躁うつ病
許 (2010)	症例検討	福岡	患者	女 3	中国・フィリピン・ペルー	―
稲川他 (1993)	症例検討	静岡	患者	49（男 20，女 29）	ブラジル・フィリピン	心因反応 神経症圏
大西他 (1987)	症例検討	東京	患者	67（男 41，女 26）	中国・台湾 韓国・北朝鮮 米国	心因反応 躁うつ病 神経症
大西他 (1993)	経時比較	東京	患者	68（男 37，女 31）	中国・台湾 韓国・北朝鮮 米国	躁うつ病 精神分裂病 神経症
大西他 (1995)	症例検討	東京	精神症状に加え身体症状が強くなった15例	15（男 2，女 13）うち 6 名 日本人	日本人以外は中国・台湾・韓国	―
杉山他 (1994)	質問紙調査	全国	医療機関	613 施設	アジアが60% 以上	心因反応 精神分裂病 神経症 うつ状態
辻丸・福山 (2003)	1983 － 2001年の症例検討	福岡	患者（東アジア除外）	12（男 8，女 4）	北米・中南米	―

慈恵会医科大学附属病院精神科を受診した外国人患者67例（男41，女26）について実態調査を行った。対象例を旅行者群，留学・ビジネスなどの一時滞在群，既婚者や永住権を持つ永住群に分け考察を行っている。年齢は30代が最も多く，半数前後が精神科既往歴を有していた。また半数近くが救急例であり，これは外国人精神患者の特徴の一つであるとしている。旅行者群は，精神科既往歴を有するものが過半数以上おり，時差や断薬などが精神障害の背景因子として挙げられた。永住者群は，初期には国際結婚などでの夫婦間の葛藤などを背景として発症するパターンと家族内力動の変化や個人の複雑な要因が絡み合い，来日20年〜30年経ってから発症するパターンがみられた。

　さらに大西・中川・小野・檜山・野賀（1993）では，1986年以降の6年間に受診した外国人患者との比較を行っている。依然高い割合ではあるが，救急例が43％から22％へ減少し，神経症やうつ病などの患者が積極的に受診するようになり，女性が増加傾向にあることなどがわかった。また医療上の問題だけでなく，経済や法律上の問題が解決をより一層複雑にしていることを指摘している。

　静岡県西部地域における外国人精神科受診者の調査を行った稲川・渥美・星野・宮里・大原（1993）では，永住者の受診者は，55％と女性が多いこと，永住者は身体症状で来院する例が多いと報告されている。

　阿部・比賀（2004）は，外来を受診した在日アメリカ人80名について分析を行っている。発症の契機として，多文化間葛藤が17名と最も多く，次いで夫婦間葛藤（15名），職場葛藤（12名），失恋（6名），対人葛藤（4名），家族間葛藤（2名），事故（2名）であったとする。女性の場合，診断は，気分障害の割合が64.3％と際立って多く，背景として仕事と家事の両立があり，ほとんどが夫婦間葛藤や家庭内葛藤を抱えていた。また身体症状の併発も比較的多くみられたという。

　国際結婚例における患者についての考察（大西・山寺・中山, 1995）でも，身体症状の訴えの多さが特徴として挙げられている。身体症状は更年期障

害や老化現象の一部として捉えられるが，うつ病を伴うもの，身体化したもの，心身症と考えられるものなどがあった。背景には，コミュニケーションの問題が考えられるとしている。また国際結婚の夫婦が老いるにつれ，子どもの日本社会への適応による親の孤独や経済的基盤の脆弱性も背景として指摘されている。ただしこの考察には，国際結婚した日本人も含まれている。

精神科救急事例の24例を調査した江畑（1989）によると，来日前発症群において10例中6例が治療中断による再発と考えられ，日本語能力の欠如や文化摩擦が主な誘因となった事例はなかった。また来日後発症群においては，6ヶ月以内の場合，国外に滞在することに関連した誘因が認められ，11ヶ月以降になるとより日常レベルの問題が関連していることがわかったが，言語障壁や文化摩擦が主な誘因となったとは考えられなかったとしている。

辻丸・福山（2003）は，1983年から2001年までに久留米大学病院の精神科を受診した外国人（12例）について検討を行った。ただしこの研究では，多文化間ストレスをより鮮明にするためとして東アジア出身者は除外されている。移住のストレスに脆弱であるとされる思春期世代と老人，主婦の事例がみられた。また精神科既往歴を有する事例が複数あり，直接異文化ストレスが影響したと考えられないものと異文化ストレスが誘因と考えられるものの両方があった。精神科の問題として，コミュニケーションの困難が指摘されている。同じ久留米大学の精神科を受診した外国人を扱った研究では，許（2010）が既婚外国人女性の3例を挙げている。これらの事例では，出産というライフイベント，育児ストレス，頼れる人との別れ，日本語能力の不足が発症に関与したと指摘している。

以上，病院を受診した外国人の特徴として，精神科既往歴を有するものが一定数いること，急患例が多いこと，女性の患者が増加傾向にあること，神経症やうつ病の患者が増えていること，身体症状の訴えが多いことなどが挙げられる。その背景としてコミュニケーションの問題や異文化ス

トレスが考えられるが，それらが直接的な誘因ではないケースもみられた。長く滞在するほど，言葉や文化といった問題だけでなく，家族の問題やライフイベントといったより日常生活での葛藤が複雑に絡み合った背景があると考えられる。

外国人女性患者の特徴として，増加傾向にあること，国際結婚などの長期滞在者の中にも患者がいることがわかった。このことは，言葉の問題などがなく，一見適応がうまくいっているように思われる場合でも何かを契機に発症する可能性があることを示唆している。症状，診断では，身体症状や気分障害が多い。その背景として，夫婦間葛藤，家庭内葛藤，更年期障害，コミュニケーションの問題，出産や子の自立といったライフイベントなどが指摘されている。外国出身者の抱える問題として，真っ先に目を向けられるのはコミュニケーション，言葉の問題であるが，結婚移住女性のメンタルヘルスを考える場合には，言葉だけでなく，日常生活やライフイベント，老化にも着目していく必要があるだろう。

2 日本における結婚移住女性のメンタルヘルス研究

「CiNii Articles」において，「外国人，女性」と検索したところ，424件の論文が，「外国人，母親」と検索したところ，49件の論文が抽出された。このうち，日本国内における在住外国人女性を対象とした研究で，女性労働者が中心であるものを除いた。つぎに心理学，医学，看護学，社会福祉学，社会学，日本語教育学といった分野からメンタルヘルス，外国人に関連する論文を抽出した。結婚移住女性当事者に調査を行っている研究で，メンタルヘルスや適応，ソーシャルサポート，満足度などが調査のテーマあるいは，従属変数となっているものを基準に選定を行った。さらに該当論文の引用などから，論文を抽出し，最終的に28件の研究が抽出された（表2-5）。

①外国人女性全般に関する研究

外国人女性の婚姻状況に言及にしているかは，研究の関心によって様々

第Ⅰ部　本研究の問題と目的

表 2-5　外国人女性に関する研究

	研究	対象者	方法	地域	規模	主な出身国等	主なテーマや変数
外国人女性全般	深谷 (2002)	集団健康診断の外国人	質問紙	神奈川	110 女性 45.8％	フィリピン・日系ブラジル	ストレス・抑うつ・ソーシャルサポート
	平野 (2001)	在住外国人	質問紙	九州・山口	278うち 女性163	フィリピン・ペルー・中国	生活満足度 社会的支援 精神的健康度
	木村 (1998)	既婚女性	質問紙・面接	—	172	フィリピン・ラテンアメリカ	生活問題・ソーシャルサポート
	Ozeki et al. (2006)	学生の年代の外国人	質問紙	全国	143うち 女性67	第一言語が英語・中国語	ストレス・精神的健康度・女性
結婚移住女性	桑山 (1995a)	日本人の配偶者	症例検討	山形	4	フィリピン・韓国	外国人花嫁
	松本 (2001)	日本人の配偶者	質問紙	関東・東海	135	フィリピン	孤独感・不安感
	鈴木 (2012)	日本人の配偶者	半構造化面接	東京近郊	20	アジア10名 欧米10名	異文化適応
	堤他 (1999)	日本人の配偶者（離婚含む）	質問紙	福岡	50	キリスト教徒 74％	精神的健康
	王 (2005)	日本人の配偶者	質問紙	都市・農村	50うち 女性33	中国	国際結婚
DV被害女性	林田・片岡 (2008)	妊婦（患者）	事例研究	東京	1	東南アジア	DV
	松本 (2004)	DV問題を抱える日本人の配偶者	面接調査	—	5	フィリピン	DV
	仲里 (2015)	DV/離婚問題を抱える日本人の配偶者	半構造化面接	沖縄	4	フィリピン	DV
外国人母親	浅海他 (2011)	未就学児を持つ日本人の配偶者	質問紙	—	19	—	育児ストレス・精神的健康・自己開示
	藤原・堀内 (2007)	日本での出産経験者	半構造化面接	東京	9	アジア・欧米	出産
	橋本他 (2011)	日本で出産・子育てを経験者	半構造化面接	—	18	ブラジル・フィリピン・中国・ペルー・ベトナム・チリ・韓国	妊娠・出産・育児の困難とそれを乗り越える方略
	橋爪他 (2003)	被疑者	精神鑑定	—	4	韓国・タイ・ブラジル	出産・育児
	今村・高橋 (2004)	小2までの子がいる日本人の配偶者	半構造化面接	首都圏	36	フィリピン	育児ストレス・ソーシャルサポート
	蚵崎 (2009)	日本で妊娠・出産した中国人母親	インタビュー	農村	8	中国	妊娠・出産時における日本人家族との関係構築プロセス
	川崎・麻原 (2012)	日本で出産を経験し学童までの子どもを育てた中国人母親	半構造化面接	首都圏	8	中国	育児の困難と対処プロセス

32

第2章　結婚移住女性のメンタルヘルスに関する先行研究

表 2-5　外国人女性に関する研究（つづき）

	研究	対象者	方法	地域	規模	主な出身国等	主なテーマや変数
外国人母親	李他 (2015)	乳幼児を持つ中国人母親	半構造化面接	石川県	20	中国	妊娠・出産・育児の困難と支援
	南野 (2016)	国際離婚し，就学児のいる母親	インタビュー	―	7	フィリピン	育児・ネットワーク
	鶴岡 (2008)	日本ではじめて出産・子育てした日本人の配偶者	インタビュー	―	3	中国・韓国・フィリピン	2国間のジレンマと対処
	石ら（2004）	外国人産褥婦	質問紙	福岡	33	中国・韓国	出産
	魏（2015）	日本で子育て経験のある日本人の配偶者	インタビュー	―	8	韓国・タイ・中国・インドネシア・ブラジル	育児・ネットワーク
	山中・中村 (2013)	母親	半構造化面接	大阪市	9	韓国・フィリピン	ソーシャルネットワーク・ソーシャルサポート
	楊・江守 (2010)	6歳までの子どもがいる中国人母親	質問紙	関東	132	中国	育児ストレス
	吉田他 (2009)	日本で子育てをする日本人の配偶者であるフィリピン人母親	グループインタビュー	―	8	フィリピン	育児困難・対処
	鄭（2006）	在日中国人家庭	半構造化面接	関西	19	中国	在日中国人家庭の育児形態

である。したがって，ここでは外国人女性全般のメンタルヘルスに関する研究を取り上げる。

　Ozeki, Ushijima, Knowles & Asada（2006）は，質問紙と精神健康度調査票（GHQ30）を用いて，在日外国人女性の異文化ストレスの要因とメンタルヘルスの状態について調査を行った。調査協力者は，第一言語として英語もしくは中国語を話す者で，大学を通じて質問紙が配布されたため，学生もしくは大学関係者が多く含まれていたものと思われる。結果として，女性は男性よりもメンタルヘルス上ハイリスクであり，年齢が高くなるほどストレスを感じていた。特に「孤独」，「ホームシック」，「来日してからの不安増加」がストレス要因となることが明らかとなった。

　一方，平野（2001）は，精神的健康，社会的支援において男女差はみられなかったと報告している。生活不満足度の「日常生活の情報が少ない」において男女差がみられ，男性が女性よりも高く，不満に感じていた。深

谷（2002）でも文化変容ストレス，ソーシャルサポート，抑うつ度に男女差はみられず，文化変容ストレスと教育レベル，滞在年数との関連，および抑うつレベルと教育レベル，帰属サポート，文化変容ストレスとの関連が示された。

　滞日外国人女性を対象とした研究（木村，1998）では，質問紙とインタビュー調査によって，心理社会的問題と就労形態が調査され，社会的支援についての提言がなされている。調査協力者は，主にフィリピンとラテンアメリカ系の 20 代と 30 代の既婚女性であった。高いレベルのストレスを示す項目として，「（本国と離れているゆえの）寂しさ」，「病気になったときの心配」，「問題が起こったときの相談先がわからない」といった項目が挙げられた。ソーシャルネットワークに関しては，友人として同じエスニック背景を持つ友人と日本人が半々であること，地理的に近い場所が交流の場となることが明らかになった。ソーシャルサポートについては，下位尺度間の比較において「評価によるサポート（相談する相手がいる）」，「自己価値を高めるサポート（私を誠実だと思ってくれる友人がいる）」は高得点を示す割合が高く，「実質的サポート（物理的に助けてくれる人がいる）」，「帰属感をもたらすサポート（友人やグループに属し定期的にあう）」は低いことがわかった。また日本での長期滞在についてのニーズとして，日本語学習のプログラムが挙げられた。

　以上の研究をまとめると，三つの研究のうち，一つでは女性の方がハイリスクであると指摘されている。ストレスが高い項目として，寂しさや孤独，ホームシックといった孤立感や不安感があること，抑うつとストレス，ソーシャルサポートに関連があること，日本人と同国人どちらともネットワークを持っているといったことが明らかにされている。

②結婚移住女性に関する研究

　日本人男性と国際結婚した外国人女性のメンタルヘルスに着目した研究がいくつか行われている。

王（2005）は，日中国際結婚の満足度・適応度・サポートの必要度の検討を行っている。日中国際結婚をした中国人を対象とし，都市・男性，都市・女性，農村・女性に分けて考察を行った。満足度は，経済以外の人間関係・交流・文化体験・言語の４領域において，農村・女性より都市・女性，都市・女性より都市・男性が有意に満足していた。適応度は，人間関係，異文化適応，心身健康・情緒，ストレッサーすべての領域において，都市・女性の方が農村・女性より適応度が高く，人間関係，心身健康・情緒，ストレッサーの３領域では，都市・男性の方が都市・女性よりも適応が高いことがわかった。サポートの必要度に関しては，生活環境・文化風俗領域において農村・女性が都市・女性よりも都市・男性が都市・女性よりもサポートを必要としていることがわかった。この結果から農村・女性が最も好ましくない状況に置かれていることが示唆された。

松本（2001）は，フィリピン人妻を対象に夫婦関係の調査を行った。「家庭内での孤独感」と夫への要望項目である「在日友人との交流」，「一緒に外出」との間に中程度〜強い相関があること，「夫との生活に対する不安感」と夫への要望項目である「母国家族との交流」との間に中程度〜強い相関がみられた。このことから，夫との関係では，夫が在日コミュニティとのつながりを持ったり，一緒に外出する人ほど孤独感が少なく，夫が母国の家族と交流を持っている人ほど不安が少ないことが明らかとなり，フィリピン人妻は，夫と自分の友人や家族が交流することを望んでいることが示唆された。

堤・堤・松崎・平野（1999）は，結婚移住女性の抑うつの関連要因の検討を行った。夫からのサポートの欠如，夫の血族からのサポートの欠如，ドメスティック・バイオレンス被害と抑うつ傾向との関連が示された。また日本語教室の参加者は，非参加者よりも抑うつ傾向の割合が低かった。この調査の限界として，民間の支援団体を通じて対象者がリクルートされており，支援団体の相談者を多く含んでいることが挙げられている。

鈴木（2012）では，日本人男性と国際結婚した外国人女性へ半構造化面

接を行い，異文化適応と精神的健康について調査を行った。多くの国際結婚研究が，アジア出身者に偏る中，この研究では，半数が欧米出身者であった。過半数が現在の生活に満足している一方で，6割が心配事，不安，悩みを抱えており，夫に関わる事柄が目立ったとしている。日本社会の問題として，男性優位・女性蔑視，アジア蔑視，仕事中心，画一性などがストレスの原因となっており，特にアジア出身者は，アジア蔑視を，欧米出身者では仕事中心を問題としていた。

　結婚移住女性の研究の中で，いわゆる「外国人花嫁」の精神的問題について取り上げたものがいくつかある（桑山, 1994, 1995a, 1995b, 1998; 五十嵐, 1995）。「外国人花嫁」は，1985年に行政主導により始められた外国人女性との集団お見合いによって注目を集めた。彼女たちは，言葉も通じないまま，簡単なお見合いを経て，嫁不足に悩む日本の農村に嫁ぎ，このような結婚は，「お見合いツアー結婚」として社会問題となった（宿谷, 1998）。韓国や台湾で多くみられる研究同様に，経済的格差を背景とした，主にアジア諸国出身女性との結婚に着目した研究である。精神科医として彼女たちと関わりを持った桑山は，時間の経過に伴うストレスの山場を，不安，怒り，疲労，ホームシック，アイデンティティをキーワードに分析した（桑山, 1995a, 1998）。その他のストレスとして，桑山（1995b, 1998）は季節的・周期的なストレス，宗教・言語をめぐるストレス・日本人家庭内でのストレスを挙げている。また五十嵐（1995）は，地域の日本語教室は，単なる語学の習得だけではなく，「外国人花嫁」たちが抱える悩みを訴える場となっていることを報告している。

　結婚移住女性に関する研究をまとめると，農村に嫁いだ外国人女性のメンタルヘルスのリスクが高いといえる。ストレスでは，夫婦間葛藤や家庭内葛藤に加え，社会の問題として，男尊女卑，アジア蔑視，仕事中心，画一性などが指摘されている。サポートとして，夫との関係を深めることや日本語学習および日本語学習を通じた人との交流などが挙げられている。

③ DV（ドメスティック・バイオレンス）に関する研究

DVに関する報告や研究もいくつか行われている。欧米の研究（Dickerson & Frydenlund, 2013; Noorfarah, 2008）でも指摘されているように，結婚移住女性が配偶者に頼らなければならないという社会制度がDVの背景にある。国際結婚の場合，在留資格の問題，自立することの困難さや子どもの親権を巡る問題などからDVが顕在化しにくく，またDVを受ける生活から抜け出すことが難しい（仲里, 2015; 李, 2004; 林田・片岡 2008）。松代（2004）は，一般的なDVの形態に加えて，国際結婚の場合，法的立場を利用した暴力，文化的暴力，言葉の差別があると指摘する。また金・津田（2015）は，支援団体への調査を通して，結婚移住女性側の課題として社会資源利用のノウハウ不足とアフターケア継続の困難さを挙げている。

林田・片岡（2008）は，DVから逃れてきた外国人妊婦の事例について報告しており，DVによる妊娠・出産，および精神的健康への重大な影響があったとしている。また松本（2004）は，フィリピン人DV被害女性の事例から，サポート源としてはじめに自国の友人や教会といったパーソナル・ネットワークにつながり，その後ソーシャル・ネットワークにつながり，民間のシェルターや社会福祉施設に落ち着くというプロセスを明らかにしている。外国人女性のDVの場合，社会制度の問題，ジェンダーの問題，マイノリティの問題，経済的問題などが複雑に絡んでいる。李（2004）が指摘するように，このようなハイリスクな状態にある外国人女性であれば，なおさら心身への影響が大きいことは想像に難くない。外国人女性のDVに関する研究では，被害者女性を対象とした研究は少なく，被害女性のメンタルヘルスよりも主に背景や社会的支援といった視点から論じられている。

④外国人母親に関する研究

結婚移住女性に関する研究の中で，最も蓄積があるのは外国人の母親に関する研究であろう。異文化ストレスについて研究レビューを行った歌

川・丹野（2008）は，45.9％が在日外国人女性の妊娠・出産・育児に関する母子保健研究であったとする。外国人母子は日本人母子に比べて，周産期リスクが高いグループであることが指摘されているため（平野, 2003），母子保健に関する研究が多いことが推察される。もちろん外国人母親には，日本人男性と結婚した結婚移住女性に限ったものではないが，多くの研究において，結婚移住女性が含まれている。

　分娩直後の心理状態について日本人女性と比較した研究では，心と体の健康状態・不安度・自律神経症状・抑うつ状態において，いずれも外国人女性の方が日本人よりも有意にスコアが高く，分娩直後の心理状態が日本人に比べ悪いことが明らかとなっている（石・石・高橋・坂井・吉田・柏村, 2004）。出産において，コミュニケーションの不成立や異文化の環境への戸惑いから，出産体験が孤独感と疎外感の強い体験となることも指摘されている（藤原・堀内, 2007）。

　妊娠・出産・育児において外国人母親の問題として，鶴岡（2008）は，外国人母親が日本文化を選択すれば，母国文化に従うことができないという二つの文化の折り合いをつけることの難しさから，ジレンマが生じているとした。ジレンマには，現時点で経験している困難と母親や子どもの将来の健康に対する不安の二つの側面がみられた。李・木村・津田（2015）は，言葉や習慣の違い以外に中国人母親の問題として，「家族からの子育て支援のバリア」，「母親への精神的な影響」があることを明らかにした。言葉や文化の問題だけでなく，日中間における夫の育児休暇取得率の違いや子育て支援として親族を呼び寄せる困難さ，仕事と育児の両立の難しさからキャリアへの不安など社会制度やジェンダー観の違いが問題を生じさせているとする。中国社会と比較して日本は共働き率が低く，母親に育児が任される傾向にあることや親族の育児サポートが得られにくいこと（楊・江守, 2010; 鄭, 2006）が指摘されている。また子どもが成長してくると，子どもが母親よりも日本語や日本文化に精通するようになり，母親の地位が低められることで葛藤が生じるという報告もある（吉田・春名・大

田・渡辺・Uayan・松島, 2009）。

　橋爪・小畠・佐藤・蓑下・淺川・森田・中谷（2003）は，女性外国人被疑者の精神鑑定4事例を通して，異文化での出産・育児は，文化による育児法の違いや言葉の問題など家族間に葛藤を生じさせる要因となること，さらに母親役割を負うことによって日本社会への一層の適応を強いられることに注目し，これらのことが精神障害の発症と犯罪の背景になりうるとした。

　育児ストレスのメンタルヘルスへの影響について，浅海・安庭・野島（2011）は，未就学児を持つ外国人母親に質問紙調査を行い，日本人母親と比較を行った。育児ストレスや精神的健康（身体的症状を除く）に大きな差はみられなかったが，外国人母親の方が夫への自己開示が高く，外国人母親にとって話し相手として夫が重要な存在であることが示された。また日本人母親では育児ストレスの多くの下位尺度と精神的健康に相関がみられたが，外国人母親の場合には，一部にしか相関がみられず，外国人母親の精神的健康は育児ストレス以外にも多くの影響を受けていると結論付けている。

　今村・高橋（2004）も，育児ストレスとソーシャルサポートという視点から，外国人母親と日本人母親との比較を行っている。外国人・日本人母親ともに，母親の精神健康度に最も影響する要因は，育児ストレスの中の育児困難感であった。また両群を比較した場合，外国人母親の方が日本人母親よりもより強固なソーシャルサポートを持っており，育児ストレスが低いことが明らかになった。つまり外国人母親の場合，ソーシャルサポートによって，育児ストレスが緩和されていることがわかった。しかしながら，一部の外国人母親の中には，抑うつ得点が高いハイリスク群が存在していた。

　外国人母親のソーシャルサポートについて，山中・中村（2013）は，日本への移住に伴いソーシャルネットワークの再構築を迫られること，情報的サポートは知り合い程度関係でも受けられる一方で，交際的・情緒的サ

ポートは親しい人とのつながりから，実質的な子育てに関する道具的なサポートは家族から受けていることを明らかにした。

外国人母親の子育てネットワークの特徴として，自身の親族ネットワークの欠如，夫の役割の重要性，子の成長によるネットワークの縮小，拡大家族における家族外ネットワークの欠如が指摘されている（魏，2015）。またジェンダーに起因する夫や夫家族からの制限や干渉によりネットワークの発展が妨げられることも示されている（南野，2016）。

橋本（2011）では，ソーシャルサポート以外の対処方略について，「やり過ごす」というネガティヴな方略が取られていることを明かにした。このような方略を取る場合，リスクが高くなる恐れがあり，エスニックコミュニティを通した情報発信や医療従事者の積極的な介入が必要であるとしている。

妊娠・出産・育児のプロセスに着目した研究では，日本人家族との関係の変化や異文化適応プロセスとの関連が指摘されている。妊娠期は，異文化や日本家族への溶け込み時期と重なること，日常の役割の軽減や免除が暗黙の合意の下に行われる特別な時期であることから，日本人家族との問題が表出しにくい（蛎崎，2009）。一方で，産褥期には，習慣の差が大きくなることから，家族の役割期待に差が生じ，家族や移住女性が柔軟に対応できない場合には，問題が表面化することがあるとしている。

川崎・相原（2012）は，中国人母親は，日本人母親をモデルとするモデリングから日本と中国の文化特性を持つ考え方や行動の仕方などを身につけ，新たな自己の枠組みを持つ母親になる（mothering）経験をしているとした。また中国人母親が育児で遭遇する困難に対処するプロセスにおいて，異文化適応のプロセスと同様の現象が起こっており，育児の過程で自文化の再統合と日本の文化との共生を図り，異文化適応していることが明らかとなった。

以上，外国人母親のメンタルヘルスについてまとめると，妊娠・出産・子育てにおいて，言葉，文化，ジェンダー観，制度の違いにより様々な問

題が生じうることが明らかとなっている。日本人母親と比較して育児スト
レスは高くないが，ソーシャルネットワークの構築に困難や制約があり，
妊娠・出産・子育てに関わるソーシャルサポートは家族、特に夫に偏って
いるという特徴がみられる。一方で，妊娠・出産・子育てというプロセス
を通して，日本人家族との関係構築や異文化適応も行われている。

3　日本における結婚移住女性のメンタルヘルス研究のまとめ

　研究の視点として，ストレスなどの問題や困難の分析，育児とストレ
ス，ソーシャルネットワーク，ソーシャルサポート，国際結婚における異
文化への適応，DV などがある。彼女たちの抱える困難として，言葉の問
題やホームシックがあることがわかった。特に外国出身女性は，男性より
もメンタルヘルス上ハイリスクであり，農村部の女性の方がさらにリスク
が高いことが示された。また DV 被害について，結婚移住女性は，社会制
度の問題，ジェンダー問題，マイノリティ問題，経済的問題からリスクが
高く，DV 被害が顕在化しにくく，逃げ出しにくいという状況が明らかに
なっている。その他のリスクが高まる機会としては，出産・育児が挙げら
れる。出産・育児を通して，日本社会へのさらなる適応が求められるから
である。これらのリスクは，ソーシャルサポートによって軽減する。サ
ポート源は，主に夫や同じエスニックグループである。しかしこのような
援助が得られない場合には，日本社会からの積極的な働き掛けが必要とさ
れるということが明らかになっている。

　研究上の特徴として，質問紙調査では，フィリピン出身者が多く，全体
数では多い中国や韓国出身者を対象とした研究が少ないということが指摘
できる。また首都圏での研究が多く，地方で点在して暮らしている外国出
身者に関する研究はあまりみられない。異国で暮らす外国人のメンタルヘ
ルスにおいて，同国人によるネットワークやサポートが大きな役割を果た
すことは多くの先行研究によって示されているが（Halpern & Nazroo, 2000;
Murphy, 1977），地方では，同じエスニックグループのサポートを受けられ

るとは限らない。このような状況で，外国出身者はどのように地域に適応していくのかという視点が必要である。

　また韓国や台湾と比べて，量的調査が少なく結婚移住女性のメンタルヘルスの全体像がつかめていない。精神的健康はいかなる状態にあるのかですら量的には捉えられておらず，まずは標準化された指標をもってメンタルヘルスの状態を捉えることが必要である。そうした上で，ストレスやサポートの関連を量的に検討することで，より具体的な対策や支援を考えることが可能になる。

　事例研究，特に症例検討においては，医療モデルといった研究の性質上，原因・問題追求型の研究に偏っている。日本の異文化適応研究は，実のところ「異文化不適応研究」ではないかと指摘される（歌川・丹野, 2008）ほど，問題に主眼が置かれている。問題がどう解決されていくのか，解決に目を向けていく必要があるだろう。近年，ネガティヴな影響や問題に焦点を当てるのではなく，人間の強みや長所に着目するという新たな方向性が注目されている（Seligman & Csikszentmihalyi, 2000）。これまでの研究では，当事者の経験や語りの分析から，当事者の問題解決能力について十分に検討されてきたとは言い難い。そこで当事者の経験や語りに着目することで，問題解決の示唆を得ることが可能になるだろう。

　また結婚移住女性のメンタルヘルスとライフイベントの関連が指摘されているが，原因・問題追求型の研究では，問題が起こる過程までしか捉えていない。結婚移住女性のような長期居住者の場合には，長い異文化生活の中で，様々なライフイベントがあり，また大小様々な危機的状況が起こりうると考えられる。ライフストーリーの視点から，そのようなプロセスを捉えることで，よりマクロな視点に立った異文化適応過程がみえてくるだろう。今後，日本は超高齢化社会を迎える。高齢化していくのは，日本人に限ったことではない。来日初期や出産，子育て期だけに着目した研究ではなく，より包括的，マクロな視点に立った異文化適応研究が必要であるといえる。

第3章
本研究の目的

第1節　先行研究の課題

　第2章では，欧米を中心とした移民女性のメンタルヘルス研究，韓国，台湾，そして日本における結婚移住女性研究を概観した。

　欧米の研究では，移民女性がメンタルヘルス上ハイリスクであることや移住以前の状況，文化的要因，社会的要因，援助要請などがメンタルヘルスの関連要因として指摘されている。しかしながら移民女性に関する研究は行われているものの，国際結婚に着目した研究はほとんどない。親族，家族単位での移住あるいは，出身を同じくする移民同士の結婚とは異なり，国際結婚の場合，同じ文化的背景を持つ個人や集団からのサポートがあるとは限らない。国際結婚のように個としてホスト社会に入る人々に着目した研究は，ほとんど行われておらず，メンタルヘルスについても明らかにされていない。

　韓国，台湾での結婚移民女性に関する研究は，英語と日本語の文献に限ったことではあるが，量的分析が蓄積されつつあり，結婚移住以前の要因，本人，夫，家族の属性，言語能力，ストレス（異文化・一般），変容・適応度，満足度（生活・結婚・QOL・苛々感），ソーシャルサポートとメンタルヘルスの関連が指摘されている。また結婚移住女性のメンタルヘルスは，現地女性と比べて良好ではないことが明らかとなっている。一方で，韓国，台湾における研究は，グローバルな経済格差がある地域出身者，主にベトナムや中国といったアジア諸国出身の結婚移住女性しか対象としておらず，欧米などその他の国出身の結婚移住女性のメンタルヘルスについては検討されていない。結婚経緯や経済格差，グローバルな社会における文化的ヒエラルキー[4]は，結婚移住女性のメンタルヘルスに影響を与える

第Ⅰ部　本研究の問題と目的

要因となる可能性はあるだろう。しかしアジア諸国出身者だけに，対象が絞られていることで，このような要因の量的な検討はなされていない。また異文化において，文化葛藤やストレスを抱えるのは，アジア諸国出身者に限ったことではない。より対象者を広げた包括的な結婚移住女性のメンタルヘルス研究が必要とされる。

　日本における結婚移住女性の抱える問題は，メディアや社会学・人類学の分野から指摘されていた（佐竹・ダアノイ, 2006; 宿谷, 1988; 李善姫, 2012）。しかしながら心理学的研究では，外国人留学生に関する研究が最も蓄積のある分野であり，長期居住の外国人に関する研究は非常に少ないことが指摘できる。留学生や労働者と異なり，組織に属さない日本人配偶者などの外国人は，量的に捉えにくく，小規模な質問紙，事例，患者を中心に研究が行われてきた。

　少ない研究の中で，最も蓄積があるのは，看護や母子保健の領域であるといえる。精神医学の分野では，外国人女性患者の特徴として，増加傾向にあること，国際結婚などの長期滞在者の場合には，言葉や文化といった問題だけでなく，家族の問題やライフイベントといったより日常生活での葛藤が複雑に絡み合った背景があると指摘されている（許, 2010；大西他, 1987）。

　しかしながら日本では，個々の研究が部分的で，結婚移住女性のメンタルヘスの全体像を捉えた研究がないことが指摘できる。量的研究では，データ数が少ないことから，尺度の検討や変数間の分析はされず，メンタルヘルスとストレス，ソーシャルサポートなどの関係をマクロな視点で扱ったものはない。また問題が顕在化した個別の事例研究・症例研究が中心であり，いわゆる問題解決にはあまり目が向けられてこなかったことが指摘される。原因追及ではなく，問題解決の視点から事例を検討することで，より現実的な支援を考えることにつながるのではないかと思われる。

4　ホスト社会における出身文化の位置付けによって，ホスト社会から出身文化へ向けられる態度（羨望や差別）も異なる。

さらには，ライフイベントとの関連から，結婚移住女性の心理的適応プロセスを考察する必要がある。

第2節　本研究の目的と意義

　上記の点から本研究では，第一に，結婚移住女性の抱える問題は先行研究において指摘されているところではあるが，改めて心理的問題に絞って，どのような困難があるのか，その背景を把握することから始めることにする。第二に，その問題と背景を踏まえた上で，結婚移住女性のメンタルヘルスの全体像を把握するため，異文化ストレスと精神的健康，ソーシャルサポートについて明らかにする。第三に，結婚移住女性のライフストーリーからライフイベントと保護因子に着目して，異文化適応過程を明らかにする。以上の三点を本論の目的とする。

　先述の先行研究で示したように，日本における結婚移住女性のメンタルヘルスを扱った研究は，非常に少ない。本研究は，結婚移住女性のメンタルヘルスについて，量的分析から諸変数の関係の検討を行う。本研究結果から結婚移住女性のメンタルヘルスに関する一知見を提供することができる。さらに，本研究結果との比較を通して，これまで対象とされることの少なかった結婚移住男性や同族婚の外国人女性といった在住外国人メンタルヘルス研究，結婚して移住した在留邦人研究などへの応用が期待される。また本研究から実証データに基づいた外国人支援政策を検討することが可能となる。

　一方、問題解決やライフイベントという新たな視点から課題を捉えることで，今までとは全く異なる支援策や対応策を生み出すことができる。これまで外国人のメンタルヘルスについては，対処療法的対応が取られてきたが，本研究の成果を踏まえ，具体的な予防・支援策を検討することが可能となる。

　また異文化の克服，異なる価値観と自身の価値観の折り合いをつけることは，実のところ外国人に限った問題ではない。したがって本研究は，将

第Ⅰ部　本研究の問題と目的

来的に外国人だけでなく，心理的に受け入れがたい差異や価値観とどう向き合っていくかといった人間が生きていく上で本質的に抱える課題に一つの知見を提供することができるだろう。

第Ⅱ部
実証研究

第Ⅱ部　実証研究

第4章
外国人相談の傾向と心理的問題
－全国調査から－

第1節　問題と目的

　外国人相談は，日本で暮らす外国人が困ったときに多言語で相談ができる身近な相談機関である。外国人相談事業は，外国人に対する基礎的な行政サービスの一つとして，1990年代以降の新たな外国人受け入れ状況の中で，比較的早く，また多くの地域において実施されてきている（北脇,2009）。「自治体国際化協会と地域国際化協会情報」（2015）によると，全国の地域国際化協会のうち相談業務を行っている団体は，58団体にのぼり，その他，地方自治体やNPO，NGOなどが行っている相談を合わせると，全国各地に外国人相談があるといえる。

　外国人相談は，多言語で相談に応じる相談であり，その形態と内容は多様である。関（2008）は，外国人相談の形態を表4-1のようにまとめている。本章では，都道府県，市町村，国際交流協会，NPO，NGOなどが主体となり，主に外国人向けに行っている外国人相談を対象とする。

　近年，外国人相談では，心理的問題を抱える相談の増加やその対応の難

表4-1　「外国人相談」にみられる多様な形態
（関，2008より一部修正）

①実施主体	都道府県市町村／国際交流協会／弁護士会／NGO
②対象利用者	外国籍（含・無国籍）の人／日本語を理解できない人／国際結婚や国際取引，外国人の雇用などを通じて外国籍の人と関わりを持つに至った日本人
③対応相談内容	法律問題／税務問題／医療・社会保障問題／教育問題／その他生活問題，身の上相談的なもの
④スタッフ	相談員／通訳／専門家（弁護士，司法書士，行政書士，社会保険労務士，税理士，医師など）
⑤設置形態	常設／臨時（巡回，持ち回り）
⑥相談料金／時間	有料・無料／30分・45分・1時間

48

しさが指摘されている（阿部, 2009; 杉澤, 2009）。外国人相談は、母国語で自身の胸の内を話す場を提供するだけでなく、専門家への橋渡しという役割を担っており、在住外国人のメンタルヘルスにおいて，重要な役割を果たしている（一條・上埜, 2014）。

　しかしながら，これまで外国人相談について一部地域での報告はあるものの（奴田原・柿澤・関・塩原, 2008; 園田, 2010; 杉澤, 2008, 2009），全国的な調査は，ほとんど行われておらず，外国人相談にどのような人からどういった相談が持ち込まれているのかといったことも明らかにされていないのが現状である。

　そこで，本章では外国人相談の全体の傾向を踏まえた上で，近年，増加傾向にある心理的問題を抱える相談に焦点を当て，その特徴を明らかにすることを目的とする。

第2節　方　法

1　研究協力者
　研究協力者は，国籍を問わず，ルビを振った日本語の質問紙に回答可能な国際化協会や国際交流協会，自治体などの外国人相談の相談員とした。

2　質問紙
　質問紙は，フェイスシート，相談業務に関すること，外国人相談ストレス，ストレス反応，および研修やメンタルヘルスに関する知識で構成した。本章では，フェイスシート，相談業務に関することを中心に結果を考察する。

　フェイスシートでは，相談員のプロフィール（年齢，性別，相談歴，相談時の主な使用言語，相談員の出身国，業務形態），所属機関の概要（所在地，管轄範囲，所属機関の種類，活動内容，相談場所，相談方法，相談の料金），相談者（性別，年代，在留資格）について尋ねた。

第Ⅱ部　実証研究

　相談業務に関することでは，相談の種類，心理的問題を抱える相談の割合，心理的問題の背景，心理的問題を抱える相談への対応，対応が難しいと思う心理的問題，心理的問題を抱える相談の負担感の度合いについて選択式で尋ね，困難事例について自由記述で回答を求めた。相談の種類は，複数の項目を挙げ，相談の多い3項目の選択を求めた。心理的問題を抱える相談の割合は，10段階で割合を尋ねた。心理的問題の背景は，複数の項目を挙げ，3項目選択するように求めた。心理的問題を抱える相談への対応は，対応項目を複数提示し，心理的問題の背景として選んだ項目に対して，一つの項目を選択するよう求めた。対応が難しいと思う心理的問題は，複数の項目を挙げ，3項目選択するように求めた。心理的問題を抱える相談の負担感は，「①全く負担ではない」から「⑤とても負担である」の5件法で尋ねた。

　外国人相談ストレスは，Cooper, Cooper & Eaker（1988）の仕事ストレス分類に従い，看護師用ストレス尺度（久保・田尾, 1994），対人援助職ストレス（森本, 2006），看護教員用ストレス尺度（坂井, 2005），「外国人相談に従事する相談員のメンタルヘルス（セルフ）ケア支援体制構築事業　調査報告書」（Asian people's friendship society, 2012a; 2012b）を参考に作成した。外国人相談ストレス尺度は，40項目，4件法で構成されている。

　ストレス反応の評価には，バーンアウト尺度（田尾・久保, 1996）を用いた。情緒的消耗感5項目，脱人格化6項目，個人的達成感の後退6項目（逆転項目）の下位尺度から成り，17項目，5件法で構成されている。

　研修やメンタルヘルスに関する知識は，東山（2005）や相談員への聞き取りなどを参考に，相談員に必要とされる研修やメンタルヘルス知識について14項目作成した。これら項目について研修の頻度およびメンタルヘルスに関する知識の習熟度（実施・習熟度），および相談への有用性についてそれぞれ4件法で尋ねた。また心理的問題を抱える相談者への対応で役立つことを自由記述で尋ねた。

　質問紙は，外国人相談の相談員，および経験者に確認してもらい，わか

第 4 章　外国人相談の傾向と心理的問題－全国調査から－

りづらい日本語表現や質問項目についてフィードバックを受けた。本章では，外国人相談に持ち込まれる相談に焦点を当てるため，フェイスシート，相談業務に関することの結果を分析対象とする。

3　手続き

調査期間は，2013 年 11 月〜 12 月であった。外国人相談を行っている86 団体に，複数部の質問紙と一つの質問紙につき一つの返信用封筒を送付または直接持参し，書面または口頭で研究の主旨を説明した上で，団体から相談員に配布するように依頼した。団体の選定には，（一財）自治体国際化協会が毎年発行している地域国際化協会ダイレクトリーを参考にした。また外国人相談業務関係者から情報提供を受け，可能な限り相談業務を行っている自治体や NGO などにも質問紙を送付した。ホームページ上で外国人相談を行っていることや対応言語数を確認することができたが，何名の相談員が在籍しているか不明だったため，対応言語数に応じて 1 団体につき，3 部から 10 部の質問紙を配布した。相談員には，質問紙の表紙において，研究目的，自由参加であることを説明し，秘密保持を約束した。質問紙の回収は，本人厳封により郵送，または直接回収した。

質問紙は，688 部配布し，166 部の回答が得られた。回収率は，24.1 ％であった。

4　倫理的配慮

本研究計画は，東北大学大学院教育学研究科研究倫理審査委員会により承認を受けた（承認 ID：13-1-010）。

第 3 節　結果と考察

1　所属機関の概要

所属機関の概要について，表 4-2 に示す。28 の都道府県より質問紙の回

51

第Ⅱ部　実証研究

答があり，東北，関東，中部から多くの回答を得た。なお，本人厳封により質問紙の回収を行ったため，1団体から複数部の回答があった場合には，特定の団体の特徴が反映されている可能性がある。外国人相談の道府県内・政令指定都市内が多く，団体の種類としては，地域国際化協会が最も多かった。その他には，地方公共団体やNGO，任意団体などが含まれる。活動内容では，国際交流・多文化共生は9割の団体が行っており，次いで生活支援，日本語教育と続く。相談場所としては，団体事務所内や公共施設が多く使われている。相談形態は，対面，電話が主な手段となっている。相談料金は，すべての団体において，無料であった。

表 4-2　所属機関の概要

所属機関の概要		N	%
所在地	東北	38	22.9
	関東	53	31.9
	中部	27	16.3
	近畿	21	12.7
	中国・四国	14	8.4
	九州・沖縄	8	4.8
	未回答	5	3.0
管轄範囲	全国・決まっていない	43	25.9
	都道府県内・政令指定都市内	76	45.8
	市町村内・区内	44	26.5
	その他	3	1.8
所属機関の種類	地域国際化協会	83	50.0
	NPO法人	9	5.4
	その他	63	38.0
	未回答	11	6.6
所属機関の活動内容 (複数回答)	国際交流・多文化共生	150	90.4
	生活支援	104	62.7
	日本語教育	89	53.6
	子どもの教育	52	31.3
	その他	31	18.7
相談場所 (複数回答)	事務所内	130	78.3
	公共施設	83	50.0
	相談者の自宅	16	9.6
	その他	15	9.0
相談形態 (複数回答)	対面	162	97.6
	電話	162	97.6
	メール	96	57.8
料金	無料	165	99.4
	有料	0	0.0
	未回答	1	0.6

2 相談員のプロフィール

　相談員のプロフィールについて表4-3に示す。なお，複数回答の割合については，回答者数を分母とした。年代は，30代〜50代で8割を超しており，女性の相談員が多い。相談歴は，1年以上5年以下が最も多く，平均相談歴は，約7年であった。使用言語は，日本語以外では，英語，中国語と続く。相談員の出身国は，日本が最も多く，次いで中国，ブラジルである。所属機関内で相談以外の業務を行っている相談員が8割を超え，相談と兼務していることがわかる。

表4-3　相談員のプロフィール

属性区分		N	%
年代	20代	10	6.0
	30代	34	20.5
	40代	59	35.5
	50代	44	26.5
	60代以上	16	9.6
	未回答	3	1.8
性別	女性	147	88.6
	男性	18	10.8
	未回答	1	0.6
相談歴	1年未満	4	2.4
	〜5年	76	45.8
	〜10年	47	28.3
	〜15年	14	8.4
	〜20年	13	7.8
	21年以上	6	3.6
	未回答	6	3.6
使用言語（複数）	日本語	109	65.7
	英語	58	34.9
	中国語	51	30.7
	ポルトガル語	31	18.7
	スペイン語	30	18.1
	韓国語	16	9.6
	タガログ語	9	5.4
	その他	7	4.2
出身国	日本	76	45.8
	中国	32	19.3
	ブラジル	20	12.0
	韓国	11	6.6
	フィリピン	8	4.8
	その他	16	9.6
	未回答・不明	3	1.8
業務の形態	相談業務のみ	26	15.7
	相談業務とそれ以外	140	84.3

第Ⅱ部　実証研究

3　相談者の特徴

　相談者の性別，年代について表4-4に示す。「女性が多い」と回答したのは4割で，「どちらともいえない」が5割，「男性が多い」と回答したのは2名であった。相談者の年代は，30代から40代が多い。

表4-4　相談者の性別と年代

属性区分		N	%
性別	女性が多い	75	45.2
	男性が多い	2	1.2
	どちらともいえない	87	52.4
	未回答	2	1.2
年代（複数回答）	～10代	1	1.0
	20代	22	22.7
	30代	81	83.5
	40代	83	85.6
	50代	31	32.0
	60代以上	6	6.2

　相談者の在留資格について，多い順に1位から3位まで回答を求めた（表4-5）。日本人の配偶者，定住者，永住者といった長期居住者からの相談が多い。

表4-5　相談者の在留資格

在留資格	1位	2位	3位
日本人の配偶者	56 (33.7%)	48 (28.9%)	30 (18.1%)
定住者	41 (24.7%)	16 (9.6%)	42 (25.3%)
永住者	34 (20.5%)	55 (33.1%)	19 (11.4%)
留学	11 (6.6%)	14 (8.4%)	13 (7.8%)
家族滞在	8 (4.8%)	11 (6.6%)	20 (12.0%)
技能実習	5 (3.0%)	7 (4.2%)	13 (7.8%)
非正規滞在者	0	0	5 (3.0%)
その他	0	0	3 (1.8%)
不明・未回答	11 (6.6%)	15 (9.0%)	21 (12.7%)
計	166 (100%)	166 (100%)	166 (100%)

4　相談の種類

　相談の種類では，「在留資格」に関することが最も多く，次いで「仕事」，「離婚」に関する相談が同数であった（表4-6）。

第4章　外国人相談の傾向と心理的問題－全国調査から－

表4-6　相談の種類

項目	N	%
在留資格	71	、42.8
仕事	59	35.5
離婚	59	35.5
生活情報の提供	53	31.9
通訳・翻訳	52	31.3
親戚・家族関係	37	22.3
日本語学習	36	21.7
医療	28	16.9
社会保障	25	15.1
子の問題	23	13.9
事件・事故	17	10.2
結婚	7	4.2
DV	7	4.2
その他	4	2.4

（複数回答）

5　心理的問題

　心理的問題を抱える相談は，直接心理的問題を解決したいと訴える相談
は少なく，他の問題を相談しているうちに，心理的問題も抱えていること
がわかる事例が多い。したがって，相談の種類とは別に，心理的問題を抱
える相談について尋ねた。

①　相談に占める心理的問題

　精神的に相談者が追い込まれている，ストレスが体に出ている，定期的
に相談員と話すことでストレスを解消しているケースなど心理的問題を抱
えていると思われる相談の全相談に占める割合を10段階で尋ねた（図
4-1）。10％未満が最も多かった。

②　心理的問題の背景

　心理的問題の背景と考えられる項目を複数提示し，3項目選択すること
を求めた。「異文化ストレス」，「配偶者との関係」，「経済的問題」の割合
が半数を超えており（表4-7），これらが背景として多いと考えられている。

第Ⅱ部　実証研究

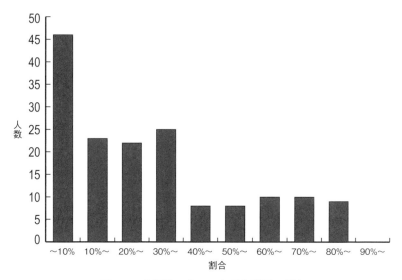

図 4-1　全相談に占める心理的問題の割合

表 4-7　心理的問題の背景

項目	N	%
異文化ストレス	94	56.6
配偶者との関係	93	56.0
経済的問題	92	55.4
精神疾患（うつ病など）	48	28.9
相談者の性格	35	21.1
親類との関係（義父母など）	31	18.7
家族以外の人間関係（同国人以外）	28	16.9
子の問題（不登校・不適応）	19	11.4
体の不調	19	11.4
家族以外の人間関係（同国人）	17	10.2
その他	4	2.4

（複数回答）

第 4 節　全体考察

はじめに，本研究の地域的特性について述べる。本研究は，関東（約3割），東北（約2割）から多く回答を得た。これを外国人分布の割合（表4-8）と比較すると，実際の外国人の人数分布よりも東北の割合が高かった。したがって，東北の相談の状況がより強く反映された可能性がある。

表 4-8　外国人分布の割合
（法務省,2016b より作成）

地域	割合（%）
東北	2.18
関東	46.58
中部	19.22
近畿	20.03
中国・四国	5.31
九州・沖縄	5.47

　このような状況を踏まえた上で，考察を行うこととする。

　外国人相談は，組織の事務所や公共施設などで，主に対面や電話によって無料で行われていた。相談員の多くは，30代〜50代で，女性が8割以上を占める。経験年数は，半数が1年以上5年未満であった。また8割以上の相談員が相談と他の業務を兼務していた。

　相談者の性別は，「女性が多い」，「男女どちらともいえない」が約半数を占め，「男性が多い」は圧倒的に少なかったことから，比較的女性からの相談が多いことがうかがえる。福岡国際交流協会で行われている外国人向けカウンセリングのクライエント内訳における男女比は，1：2であり（矢永,2004），女性が多い。これらのことから，心理的問題を抱える相談は女性からの相談が多い傾向にあるといえる。年齢は，30代〜40代が最も多く，在留資格では，日本人の配偶者，定住者，永住者が多く，長期居住者からの相談が多いことがわかった。相談の種類では，「在留資格」，「仕事」，「離婚」，「生活情報の提供」，「通訳・翻訳」が上位を占めた。

　心理的問題に関する相談の割合は，全相談の10%未満が最も多かった。調査依頼の段階で，「業務内容が相談という看板を掲げているが，相談というよりは多言語情報提供なので，心理的問題を抱える相談は受けない」といった返答や自由記述で「心理的問題を抱える相談を受けたことがない」，「専門家につなぐので，自分での対応経験はない」といった回答があった。所属組織における相談業務のあり方によって，心理的問題を抱える相談が持ち込まれるか，あるいは相談を受けるか否かにも差があったと

第Ⅱ部　実証研究

思われる。これらのことが10％未満という回答に影響していた可能性が考えられる。一方で10％以上と回答している人が7割以上おり，この結果は，一定の割合（2.2％〜4.5％）で心理的問題の相談があるとする先行研究（杉澤, 2009）と一致している。

　考えられる心理的問題の背景として，「異文化ストレス」，「配偶者との関係」，「経済的問題」が上位を占めた。桐野・黒木・朴（2013）は，日本，韓国，台湾における結婚移住女性や家族の相談機関の相談員を対象として，結婚移住女性の抱える生活問題の相談頻度について調査を行った。この調査から，3ヶ国の結婚移住女性が抱える共通の生活問題として，第一に言語，文化，ジェンダーを要因とする夫婦・家族間での対人ストレス，第二に社会の偏見や差別，人間関係のストレス，第三に経済的ストレス，第四に情報入手と就業の困難さに対するストレスを挙げている（同書）。本研究の結果においても，同研究と重なる部分がみられた。

　本研究から，帰国を前提とした人ではなく，長期居住者で，30代〜40代の女性からの相談が比較的多いという相談者の傾向が浮かび上がった。また心理的問題を抱える相談は一定数で存在し，その背景として「異文化ストレス」，「配偶者との関係」，「経済的問題」が想定されることが明らかとなった。

58

第5章
外国人相談の傾向と心理的問題
－相談事例から－

第1節　問題と目的

　第4章では，外国人相談において心理的問題を抱える相談が一定数あることが明らかとなった。杉澤（2009）によると，都内を巡回する形で行われた弁護士や行政書士，精神科医などの専門家による外国人のためのリレー相談会では，全相談件数に対する「こころの相談」の比率が7年間で平均3.2％あったという。また在住外国人に医療の情報提供を行う AMDA（The Association of Medical Doctors of Asia）国際医療情報センターでも精神科関係の相談は，毎年全体の5％前後と一定の割合を占めている（宮地，1999）。生活上の様々な問題と重なって，メンタルヘルスの問題を抱える外国人が一定数いることがうかがえる。

　しかしながら，第4章でも指摘したように外国人相談に関する研究や報告は少なく，特に心理的問題についてその詳細はほとんど明らかにされていない。

　したがって本章では，ある外国人相談センター（「T外国人相談センター」）における過去9年間の相談記録から，相談の全体的傾向と心理的問題の背景や特徴について明らかにすることを目的とする。

第2節　方　法

1　分析対象

　「T外国人相談センター」における 2004 年度から 2012 年度の相談記録，延べ 2588 件の相談を対象とした。相談記録には，年度，相談形態，相談言語，性別，相談カテゴリー，自由記述式で相談内容の詳細が記されていた。

59

第Ⅱ部　実証研究

2　手続き

　相談記録から年度，相談形態，相談言語，性別，相談カテゴリー，相談内容，および心理的問題の有無を抜き出した。相談内容の自由記述欄から心理的問題を抱えているか否かを判断した。心理的問題の判断基準は，精神疾患を抱えたり，精神疾患が疑われること，カウンセリングなどの心理的ケアを望んでいること，情緒が不安定になっていること，ストレス反応が出ていること，日常的に相談を利用して精神的安定を得たり，孤独感を和らげていることのいずれかに当てはまることとした。相談カテゴリー，相談内容は，相談記録用紙の様式が年度で異なるため，一部修正を加え，相談内容の記述により，相談ごとに分類した（表5-1）。一度の相談で，複数の相談が行われている場合には，相談内容ごとに1件と数えた。なお，心理的問題を抱える相談は，相談内容に応じて表5-1にしたがい分類した後、心理的問題有りとして内容を抜き出した。例えば，相談内容が主にカウンセリングや医療機関の情報を求めている場合には「医療・福祉・年金」，生活の不満や話を聞いてもらいたいといった場合には「生活その他・話し相手」に分類し，心理的問題有りと記録し，内容を抜き出した。

　また心理的問題を抱える相談事例の検討にあたっては，相談件数ではなく，事例ごとに相談者の性別と問題を抱える人（相談者本人・本人以外）で分類した。次に相談内容を読んで，結婚移住女性からの相談とわかる42事例を事例の背景によって分類した。

3　倫理的配慮

　研究目的および結果の公表に際して，個人が特定されないように配慮することを説明し，「T外国人相談センター」からデータ提供の同意を得た。

4　「T外国人相談センター」の概要

　「T外国人相談センター」の対象者は，外国籍（含・無国籍）の人，日本語を理解できない人，国際結婚や国際取引，外国人の雇用などを通じて外

第5章　外国人相談の傾向と心理的問題－相談事例から－

表 5-1　相談内容の分類

大分類	小分類
生活情報	生活情報
家庭生活	仲介婚トラブル
	法律・相続
	DV/ 虐待
	家庭内不和
	離婚
	親戚・親族
生活その他・話し相手	生活 - その他・話し相手
ビザ・国籍	ビザ・国籍・パスポート
	離婚 / 死別後ビザ
通訳・翻訳	通訳・翻訳
教育	日本語学習
	入学・進学
	留学
	留学生貸付
	教育 - その他
仕事	職探し・起業
	労働問題
医療・福祉・年金	医療通訳
	保険 / 年金
	医療・福祉・年金 - その他
住宅	住宅
運転免許	運転免許
税	税
近隣・友人	近隣・友人
その他	事業企画
	助成金
	紹介・登録
	団体・人材
	その他 - その他

国籍の人と関わりを持つに至った日本人，言葉の問題などで外国人対応に
苦慮している行政や病院などである。対応相談内容は，法律問題，税務問
題，医療・社会保障問題，教育問題，その他生活問題，身の上相談的なも
のなど多岐にわたる。スタッフは，専属の相談員と事務職を兼ねる相談員
がおり，言語ごとに曜日が決まっている。相談は無料であり，相談方法は

61

第Ⅱ部　実証研究

電話，メール，来所の形態を取っている。

　地域は，地方都市に位置し，外国人集住地区などは抱えていない。「T 外国人相談センター」が概ね対象とする地域の外国人比率は，2013 年時点で約 0.62％とそれほど高くなく，男女比は，男性約 42.5％，女性約 57.5％と女性の方が多い。在留資格別では，永住者（31.7％），留学（17.3％），特別永住者（14.6％），日本人の配偶者等（8.0％），家族滞在（6.9％）の順に多い（総務省，2013）。

　地域の中心部には留学生が多く居住しており，周辺部には国際結婚で日本人男性と結婚した外国人女性が多く居住している。彼女たちの中には，「ブローカー婚」や「紹介婚」を介して国際結婚した人々が少なくない。「ブローカー婚」や「紹介婚」といった仲介婚は，「外国人花嫁」に端を発する。「外国人花嫁」とは，1985 年に行政主導により始められた外国人女性との集団お見合いによって日本に嫁いできた女性たちである。彼女たちは，言葉も通じないまま，簡単なお見合いを経て，嫁不足に悩む日本の農村に嫁いだ。このような結婚は，「お見合いツアー結婚」として社会問題となった（宿谷，1998）。今日，外国人女性との国際結婚は行政主導から民間へと移り，「ブローカー婚」や「紹介婚」と呼ばれている。仲介者は，行政から民間へと移行したが，十分な交際期間や意思疎通ができないまま国際結婚に至り，結婚後のフォローが行われず，様々な問題が起きている。

　このように「T 外国人相談センター」が対象とする地域は，外国人比率は高くないものの，外国人女性の割合が多く，中でもトラブルを抱えやすい仲介婚を通して日本人男性と結婚した外国人女性が少なくないことが特徴である。

第3節　結果と考察

　はじめに，相談全体の特徴を相談件数，相談形態，相談者の性別，相談言語，相談内容に従って考察を行う。次に，心理的問題を抱える相談について，量的に検討した後，事例から相談の特徴を考察する。

1 相談件数の推移

相談件数の推移を図5-1に示す。2011年度は、東日本大震災の影響を受け、安否確認や震災関連の相談が激増した。しかし震災関連の相談は、通常の相談センターの件数から除いているため、2011年度の震災関連以外の相談件数は減少している。震災関連の相談が増加したことで、全体としてその他の相談が少なくなったことが考えられる。しかし、翌年度には相談件数が回復しており、相談は漸増傾向にある。

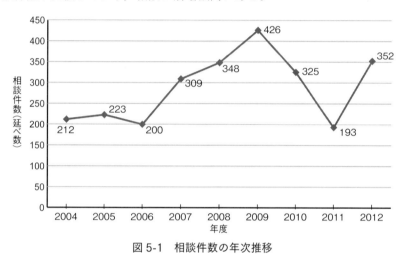

図5-1 相談件数の年次推移

2 相談形態

電話での相談が約88%、来所が約12%を占める。電子メールでの相談はほとんどない。電話で来所を伝えてから、相談センターを訪れるケースもいくつかみられた。来所相談では、夫婦間の通訳や文書の翻訳、相談者が切羽詰まって訪れるケース、また日本語学習者が授業終了後、立ち寄って相談していくケースなどがみられた。

3 相談者の性別

相談者の性別を①女性、②男性、③行政・支援者・夫婦、および④不明

第Ⅱ部　実証研究

で分類した。行政・支援者・夫婦は，行政の担当者，支援者，夫婦2人からの相談が含まれる。女性が69％で最も多く，次いで男性20％，行政・支援者・夫婦が8％，不明が3％であった。

相談者の言語ごとに性別等の分類を図5-2に示した。中国語，韓国語，ポルトガル・スペイン語，タガログ語では女性の割合が高い。一方で英語だけは男性の割合が最も高い。また日本語と英語の相談における行政・支援者・夫婦からの相談の割合は他の言語よりも高かった。

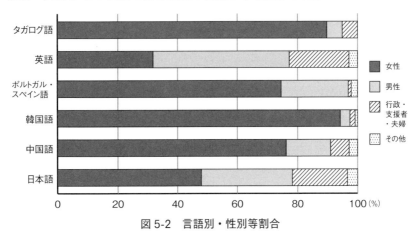

図5-2　言語別・性別等割合

4　相談言語

相談者の使用言語により相談言語の分類を行った。行政機関からの通訳・翻訳依頼の場合は，行政を訪れた人の使用言語で分類を行った。また日本人からの通訳・翻訳依頼の場合には，日本語に分類した。年度ごとの相談言語割合を図5-3に示す。2012年度は，中国語，韓国語，タガログ語（フィリピン語），ポルトガル・スペイン語を母語とする相談員（ネイティブ相談員）が週に1回相談を受けている。タガログ語は2011年度に新たに加わった。ネイティヴ相談員が来ない日は，日本人スタッフが対応している。2012年度の日本人スタッフは，英語対応が2名，中国語対応が1名，韓国語対応が1名である。日本語での相談は，行政からの通訳といった日

本人からの相談が多いが，外国人で日本語が堪能な場合には，日本語で相談を受けているケースがある。

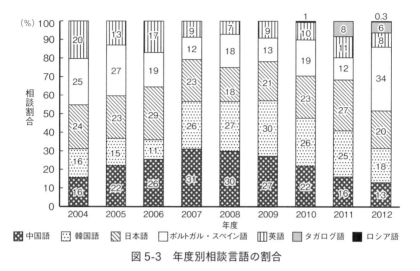

図 5-3　年度別相談言語の割合

2006年度から2007年度にかけて，韓国語の相談が増えている。これは，日本人スタッフに韓国語の対応ができる者が加わったためである。また2011年度から2012年度にかけて，ポルトガル・スペイン語の相談割合が急増しているのは，心理的問題を抱えた1人の相談者がかなり頻繁に相談をしていたためである。詳しくは，後述することとする。2012年度の1件のロシア語での相談は，不定期で勤務するロシア語が話せる外国人スタッフが対応したためである。

5　相談内容

相談内容を13の大分類と30の小分類に分類し，相談カテゴリーの割合を求めた（表5-2）。外国人相談の中では，「生活情報」の提供が多く行われていることがわかる。次いで，「家庭生活」，「生活その他・話し相手」が多い。「家庭生活」の中では，離婚についての相談が最も多く47.1％を占め，次いで家庭内不和に関する相談が20.8％を占める。

第Ⅱ部　実証研究

　「生活その他・話し相手」は，特に解決すべき問題があって相談をしているのではなく，会話や日常の愚痴を話すことを主な目的とした相談が含まれている。周囲にこのような日常会話をする相手がいない，あるいは母語で会話をしたいという思いから相談者は相談電話をかけてくる。このよ

表 5-2　相談内容の分類

大分類	小分類	具体的な内容	件数 (のべ)	割合 (%)
生活情報	生活情報	店や同国人などの地域情報 / 大使館情報	373	14.4
家庭生活	仲介婚トラブル	仲介婚トラブル / 妻が帰ってこないなど	361	13.9
	法律・相続	相続・金銭トラブル / 夫が死んだときの相続		
	DV・虐待	DV / 妻への暴力 / 子どもへの虐待		
	家庭内不和	夫・姑といった同居家族との不和		
	離婚	離婚に関する相談		
	親戚・親族	同居家族以外の親戚トラブル		
生活その他・話し相手	生活 - その他・話し相手	消費 / 生活苦 / 話を聞いてほしい	360	13.9
ビザ・国籍	ビザ・国籍・パスポート	在留資格 / 帰化 / パスポート	288	11.1
	離婚・死別後ビザ	離婚・死別後の在留資格に関すること		
通訳・翻訳	通訳・翻訳	手紙の翻訳 / その場での通訳・翻訳	288	11.1
教育	日本語学習	日本語学習	245	9.5
	入学・進学	子の入学・進学 / 本人の入学・進学		
	留学	留学に関する相談		
	留学生貸付	私費留学生緊急支援貸付事業		
	教育 - その他	語学試験の情報 / 子育てについて		
仕事	職探し・起業	職探し・起業 / 国でとった資格を活かしたい	208	8.0
	労働問題	雇用トラブル / 労働保険 / 失業保険		
医療・福祉・年金	医療通訳	医療通訳	179	6.9
	保険・年金	国民健康保険 / 年金 / 民間の保険について		
	医療・福祉・年金 - その他	紹介 / 相談 / 医療トラブル / カウンセリング		
住宅	住宅	住宅探し / 住宅トラブル	55	2.1
運転免許	運転免許	免許の書き換え / 取得方法など	34	1.3
税	税	確定申告 / 住民税など	34	1.3
近隣・友人	近隣・友人	友人関係 / 近隣トラブル	25	1.0
その他	事業企画	大使館などの移動領館事業等	138	5.3
	助成金	助成金についての問い合わせ		
	紹介・登録	ボランティアの紹介・登録		
	団体・人材	通訳 / 行政書士 / 弁護士の紹介		
	その他 - その他	交通事故 / 事件 相談機関の業務について		

うに通常であれば，友人や家族によって担われるような役割が求められるのは，外国人相談の一つの特徴といえる。異文化では，文化的違いや言語の障壁によって孤立感・孤独感を深めやすくなる。外国人相談では，母語で会話することによってその孤立感や孤独感を和らげていると考えられる。またこのカテゴリーには，心理的な問題を抱えた頻回相談者の相談が多く含まれている。心理的な問題を抱えた相談者の多くは，具体的な解決策や回答を求めるのではなく，話を聞いてもらいたくて相談をする。これらのことから，外国人相談においては，単なる情報提供だけでなく，心理的な対応も求められているといえよう。

6 性別ごとの相談の特徴

　全体，女性，男性，行政・支援者・夫婦について，相談内容の小分類の割合を上位5位まで表5-3に示した。全体と比較して女性では，「離婚」の相談が多く，「通訳・翻訳」に関する相談は少ない。一方，男性では，「生活情報」，「通訳・翻訳」に関する相談の割合が高いことと「労働問題」に関する相談が特徴的である。行政・支援者・夫婦による相談では，その約半分を「通訳・翻訳」が占めた。

表5-3　性別ごとの相談内容

	全体	%	女性	%	男性	%	行政・支援者・夫婦	%
1	生活情報	14.4	生活・話し相手	16.2	生活情報	19.6	通訳・翻訳	52.1
2	生活・話し相手	13.9	生活情報	13.3	通訳・翻訳	10.7	生活情報	7.9
3	通訳・翻訳	11.1	ビザ・国籍・PP	10.2	生活・話し相手	10.1	生活・話し相手	6.0
4	ビザ・国籍・PP	9.3	離婚	8.4	ビザ・国籍・PP	9.3	団体・人材	5.1
5	日本語学習	6.7	日本語学習	7.1	労働問題	7.0	その他‐その他	4.7

「生活・話し相手」＝生活その他・話し相手、「ビザ・国籍・PP」＝ビザ・国籍・パスポート

7 心理的問題を抱える相談

　相談の中で，心理的なケアが必要と思われる相談を「心理的問題」とし，表5-2の相談内容とは別に抜き出した。心理的問題には，相談者が心

理的な問題で病院を受診しているケース，カウンセリングを受けたいなどメンタルの問題を相談しているケース，相談者が心理的に追い込まれていたり，ストレス反応が出ているケース，話しが支離滅裂で，現実検討能力が低下しているケース，および特定の相談がないにもかかわらず相談員と話すことで，精神的安定を得たり，孤独感を和らげているケースなどが含まれている。なお，相談件数は延べ数である。一日に3回，同じ内容で同じ人物が相談している場合には，3件の相談として扱っている。

① 心理的問題の年次推移

心理的問題の年次推移および全体の相談数に占める割合を示す（図5-4）。心理的問題は，増加傾向にある。2011年度は，震災の関連の相談を含めていないため，減少している。2012年度は，ある相談者が頻繁に相談をしていたため，心理的問題を抱える相談の数が激増している。

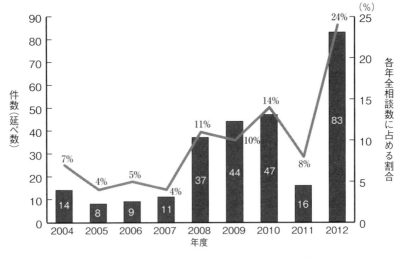

図5-4　心理的問題を抱える相談の年次推移

② 心理的問題における相談者の性別と相談言語

心理的問題における性別別相談言語の件数（延べ数：以下同様）と割合を

第5章　外国人相談の傾向と心理的問題－相談事例から－

表5-4に示す。心理的問題の約90％（242件）が女性，約10％（26件）男性であり，女性が多い。相談者の在留資格は尋ねていないが，相談事例をみてみると既婚女性からの相談が多い。ほとんどが相談者自身の相談である。一部，本人相談以外には，母国から連れてきた連れ子に関する母親からの不適応の相談や，日本人夫から精神的に不安定になった外国人妻の相談があった。行政からの相談は，1件のみで，精神的に不安定になり通院している結婚移住女性がおり，相談センターで対応できることはないかという相談であった。

　相談言語別では，韓国が約半数を占め（47.6％），ポルトガル・スペイン語，中国語と続く。心理的問題を抱える相談は，上述したように女性からの相談が多いため，図5-2に示す女性の相談者が多い言語の割合が高い。タガログ語の相談も女性の割合が多いが，全体数が少ないため割合が低くなったと考えられる。ポルトガル・スペイン語については，一日に複数回，相談電話をかける相談者がいたため，割合が高くなったと考えられる。

　言語ごとの男女比をみると，相談全体でも女性の割合の高い韓国語，ポルトガル・スペイン語，中国語では，女性からの相談が多い。一方英語では，男性からのみ相談があった。また日本語での相談では，男女比は同じであった。

表5-4　性別別相談言語別心理的問題の件数と割合

相談言語	女性	男性	行政・支援者・夫婦	合計（件数）	割合（%）
韓国語	126	1	1	128	47.6%
葡・西語	65	1	0	66	24.5%
中国語	36	3	0	39	14.5%
日本語	14	14	0	28	10.4%
英語	0	7	0	7	2.6%
タガログ語	1	0	0	1	0.4%
合計	242	26	1	269	100%

8　心理的問題―相談事例の検討

　心理的問題を抱える相談のうち，同じ相談者からの複数回の相談は1事例とし，相談者の性別および心理的問題を抱える人（本人・本人以外）で

第Ⅱ部　実証研究

分類を行った（表5-5）。「本人以外」は相談者が子どもや配偶者，きょうだいの抱える心理的問題について相談する事例である。なお相談件数が1件だった行政・支援者・夫婦からの相談は除いた。女性・本人の相談事例のうち，相談記録に記載のある少なくとも42件が結婚移住女性からの相談であった。女性の心理的問題の場合，多くが結婚移住女性から寄せられる相談であることがわかった。

表5-5　相談者と問題を抱える人の分類

		相談者	
		女性	男性
問題を抱える人	本人	55	12
	本人以外	6	4

　結婚移住女性からの心理的問題を抱える相談，42事例について，問題の背景を一つに特定するには限界があるが，事例の中での精神的な苦しさや症状の誘因になったと思われる背景と事例件数をまとめた（表5-6）。それぞれの背景について事例の概要を示し，上位三つの背景と相談回数の多い日常ストレスについて，具体的な事例を取り上げる。なお，事例については全体像を損ねない範囲で改変している。

表5-6　結婚移住女性の心理的問題の背景

事例の背景	事例数
家庭内不和（夫・舅・姑）	17
DV，夫による制限・束縛	6
経済的問題	4
離婚	3
孤立感・さみしさ	3
日常のストレス	3
対人トラブル	3
子どもの保護	1
遺産相続	1
不明	1
計	42

　家庭内不和を背景とする相談は，心理的問題を抱える相談の中でも最も多い。相手は，夫，姑，舅と様々であるが，いずれにしても家庭内に味方がおらず，孤立していた。相談記録から不和の背景には，コミュニケー

70

ションの問題や文化・価値観の違い，外国人に対する差別意識があること
が推察される。症状として，精神的不安定さやストレスが溜まっているこ
とを訴える事例，頭痛や胃炎などの身体的不調を訴える事例，不眠，食欲
不振，希死念慮がある事例，猜疑心や被害感情が強くなっている事例が
あった。家庭内で孤立してしまったＡの事例を示す（表5-7）。

表5-7　家庭内で孤立するＡの事例

〈1回目の相談〉
　夫との仲は悪くないが，周囲が別れさせようとしている。姑が根拠もない悪
口を町内に広め，ストレスになっている。姑との別居の話をしてから，いじめ
がはじまった気がする。はじめは，夫も相談者Ａの味方だったが，姑との間
に入ることに疲れたのか，変わってきている。子どももできず，夫から暴力を
振るわれたこともある（自分も振るった）。相談員に「あなたが日本人配偶者の
気持ちがわかるのか」という不信感をずっと抱いていた様子。
　対応：友だちをつくることを提案。
〈2回目の相談〉
　姑と一緒に住みたくないので，法律的に解決できることはないかと相談。自
分の求める返事ではないと攻撃的な話し方をしたり，相談員の個人情報につい
てきいたり，相談したいこととは関係ないことを聞いたりする。
　対応：離婚を考えるなら，同国出身の弁護士や婦人相談所にも相談するよう
に案内。日本語学習についても案内。
〈3回目の相談〉
　子どもができず自分の思い描いた結婚生活とは違うことから戸惑っている。
離婚して帰っても一人でどうしたらいいかわからない。近所の同国人との比較
などいろいろな噂も耐えられない。急にバイトの話になるなど，話の筋道やま
とまりがない。何を相談したいのか整理できてない様子であった。

　DVや夫による制限・束縛では，暴力や暴言を振るわれるだけでなく，
日本語教室や外出することを禁止し，社会と接触させない事例があった。
相談者は，精神的に追い詰められており，中には不眠やだるさを訴え，希
死念慮のある人もいた。このような人権を無視された状況に置かれながら
も，専門機関には相談したくないという事例もあった。外国人の場合，日

第Ⅱ部　実証研究

本で暮らすには在留資格が必要であるが，日本人の配偶者等という在留資格であれば，当然のことながら資格更新の際に夫の協力が必要となり，離婚してしまえば，基本的に日本にはいられなくなってしまう。このようなことが，DV の被害を訴えることや離婚の足かせとなっており，より一層精神的に追い込まれる状況を作り出している。夫により社会接触を断たれた B の事例を示す（表5-8）。

表5-8　社会接触を断たれた B の事例

〈1 回目の相談〉
　夫は 5 回目の結婚で，前の奥さんとはいろいろあったと噂を聞いた。夫が社会と接触を持たせてくれず，携帯電話もない。夫が怖い。精神的に不安定で薬を飲んでいる。だるい。怖い。死にたい。しかし国には帰れない。精神科に行くよう言われているが，病気と判断されると，自分の言うことを周りの人に信じてもらえなくなるだろうと心配している。
　対応：公的機関に相談することなどを提案。
〈2 回目の相談〉
　国には帰れない。精神科に行き何かの病気と判断されると，自分の言うことは周りの人に信じてもらえなくなる。結婚生活は，8 年目。夫は言葉使いが乱暴で，今まで我慢してきたが，自分も年を取り，我慢できなくなった。家を出たいが保証人もいない。公的機関に相談したい。
　対応：公的機関につなぐ。

　経済的問題を背景とする相談では，夫と夫の両親に先立たれ，子どもを抱えて生活が立ちゆかないという相談であった。相談者は，精神的にも経済的にも頼れる人がなく，子どもをおいて母国に帰りたいと訴えていた。また別の事例では，夫と離婚後，仕事をして暮らしているが，年金などの保険料を払っておらず，年を取ってきて体力的にも，精神的にも辛くなり，将来が不安だと訴えた。また夫の病気を背景とした生活に対する不安の相談事例もあった。結婚移住女性の場合，身近に頼れる親族は，夫もしくは夫の家族しかいない場合が多い。したがって夫がいなくなった場合には，生活が立ち行かなくなる可能がある。このような経済的脆弱性が心理

72

的問題につながる。夫や義理の両親に先立たれたCの事例を示す（表5-9）。

表5-9　頼れる親族がいなくなったCの事例

〈1回目の相談〉
　Cは10年前に来日した。7年前に夫が亡くなった。さらに1年前には，義理の両親が亡くなった。子どもが二人いる。遺族年金で暮らしていたが，経済的にも精神的にも頼れる人がいなく困っている。子どもを置いて国に帰りたいと訴える。
　対応：詳しく調べて連絡したいと申し出たが，連絡先を教えたくないので，Cから後日連絡をもらうことになっていたが，連絡はなかった。

　離婚を背景とする相談では，離婚調停など現実的に離婚の話が進んでいて，精神的に不安定になっている事例がみられた。離婚の過程で，裁判所や弁護士など周囲の人に不信感を募らせることがある。言葉が思うように通じないことに加え，離婚を契機に今までの不満や今後の不安が一気に噴き出しきて，精神的に不安定になっていた。

　孤立感・さみしさを背景とする相談では，周囲に友人など話し相手がいない相談者からの相談である。来日初期の相談者もいれば，数年住んでいても友人がおらず，孤立感を募らせている場合もある。来日初期の相談者では，日本語が難しく，周囲から孤立したり，人と会うのが怖いなど社会との接触を避けてしまうことがあった。日本語が堪能で，数年日本に暮らしている相談者では，周囲から差別的な発言をされたり，周囲には仲良くなれる人がないといったことが語られた。台湾における研究でも，差別や偏見，家族内での孤立，母国文化からの隔絶，ソーシャルサポートの欠如と抑うつの関連が指摘されており（Chou, 2010），本事例においても心理的問題の背景として同様の孤独感がみられた。

　日常ストレスを背景とする相談では，頻回相談者が多い。日々の生活の中でトラブルやストレスを抱えると，その不満や愚痴を聞いてもらうために相談をする。問題の具体的な解決策を求めているというよりは，日々の不満を相談することで精神的安定を図っている。あるいは，自身で解決で

第Ⅱ部　実証研究

きるような問題でも相談することで，誰かと関わりを持ちたがっていたり，自分のために動いてくれる存在を確認し，精神的安定を図っている。D，E，F の事例を示す（表5-10）。

表 5-10　日常ストレスを背景とする相談

複数の相談機関に相談するＤの事例
　　相談者は，「Ｔ外国人相談センター」管轄外の他県在住である。県内の「外国人相談」は嫌だと，「Ｔ外国人相談センター」に相談する。日本語は堪能。夫婦仲はよくない。はじめは生活苦を訴え，ストレスのために過呼吸になると相談。その後も，日々の生活で不満があると，相談をしてくる。地元スーパーへの不満があるから通訳してほしい，宅配便への不満，隣家への苦情等。特定の相談員への固執有り。相談者の要求が通らないと，他の「外国人相談」へ，「Ｔ外国人相談センター」の不満を相談する。テレビでなぜ家のまわりのことが放映されているのか（事実はない），テレビやドラマを見ているだけで不安に襲われる，警察に相談したいと訴える。
　　対応：生活保護について説明したり，不満を聞いたり，その都度対応してきたが，最終的には公的な心の相談につなぐ。
相談回数：24 回（2 年間）

相談で精神的な安定を図っているＥの事例
　　相談者は，日々の些細なことを相談する。料理に対する家族の反応がない，家の購入，夫の浮気の疑い，離婚した友人の話等。特定の相談員にのみ話す。
　　対応：傾聴。
相談回数：60 回（4 年間，継続中）

相談員を友人と呼ぶＦの事例
　　相談者は，日本が嫌いで，日本人が嫌い。日本食が嫌い。夫や家族から暴力を振るわれると訴える。日常の不満を毎回訴える。希死念慮あり。相談員を友人と呼び，特定の相談員とのみ話したがる。まわりの日本人には相談したくない。
　　対応：傾聴。特定の相談員と話せない場合や緊急の時に備え，他の「外国人相談」も案内する。相談員が替わったことで，相談しなくなったが，Ｆの状態は非常に不安定になり。何度も以前の相談員はいないのかと電話がかかってきた。最終的には，Ｆからの相談はなくなった。
相談回数：52 回（1 年間）

いずれの事例においても頻回相談者は，外国人相談に相談することで，
日常的に精神的充足を得ていることがうかがえる。一方で，特定の相談員
に対して固執したり，依存的になったり，友人であると自負する傾向がみ
られる。外国人相談では，多くの場合，その言語を担当する相談員が固定
される場合が多く，頻回相談者とは依存関係を作りやすい。そのため，D
の事例では，親身になって対応した相談員が疲弊したり，Fの事例では，
不満を聞き続けることで相談員自身のストレスが溜まることがあり，相談
員の負担が大きくなっていった。また相談者自身も頼っていた特定の相談
員が替わることで，不安定になり，相談者自身に与える影響も少なくない
と考えられる。

　対人トラブルを背景とする相談では，相談者は，親戚，近隣から悪口を
言われる，意地悪をされると訴える。しかし中には，具体性に欠ける内容
もあり，何らかのストレスで周囲への不信感や被害意識を強め，そのこと
がさらに対人トラブルを悪化させているように思われる事例もあった。阿
部（2009）は，近隣住民とのトラブルにおいて，言語文化的な食い違いか
ら，トラブルに発展するケースは多いが，中には外国人の持つ被害妄想に
端を発している場合もあるとしている。「T外国人相談センター」に寄せ
られた相談においても同様のケースがみられた。

　子どもの保護を背景とする相談では，おそらくそれ以前から精神的に不
安定であった相談者が，子どもの児童相談所への保護をきっかけに突飛な
行動にでてしまった事例であった。子どもを保護する段階で，どのような
話し合いが行われたかはわからないが，言葉の問題から，相談者の十分な
了解が得られていないことが推察される。専門機関とのやり取りがスムー
ズにいかない場合には，問題がより複雑化してしまうことがある。

　遺産相続を背景とする相談では，外国人である相談者に日本人親族が相
続させたくないと，様々な手段をとった事例であった。それまで，舅や姑
の世話をしてきた相談者としては，納得できず，大きな心理的ダメージを
受け，心理的問題につながっていた。

第Ⅱ部　実証研究

第4節　全体考察

　本章では，「T外国人相談センター」における過去9年間の相談記録から，外国人相談に寄せられる相談の傾向と心理的問題の詳細について明らかにすることを目的とした。

　「T外国人相談センター」に寄せられた相談の傾向として，以下の7点が指摘できる。

① 外国人相談の件数は漸増傾向にある。

② メールや来所よりも電話での相談が多い。

③ 女性の相談が多い。

④ 相談言語別では，日本語，韓国語，中国語による相談が多い。

⑤ 相談内容では，「生活情報」の提供が最も多く，次いで「家庭生活」，「生活その他・話し相手」に関する相談が多い。

⑥ 女性では，「離婚」の相談が多く，男性では，「生活情報」，「通訳・翻訳」，「労働問題」の割合が高い。行政・支援者・夫婦による相談では，約半分を「通訳・翻訳」が占める。

⑦ 中国語，韓国語，ポルトガル・スペイン語，タガログ語では女性の割合が高く，英語では男性の割合が最も高い。また日本語と英語の相談では，行政・支援者・夫婦からの相談の割合が他の言語よりも多い。

　相談内容は，「生活情報」の提供が最も多いが，「家庭生活」や「生活その他・話し相手」など，身近に相談できる人や話し相手がおらず相談に至っていると思われるケースもみられた。日本語で相談する外国人も一定数いることから，周囲に相談できる友人や知人，家族がいない要因が単に言語的問題にあるとはいえないことがうかがえる。周囲に相談できる人がいない外国人にとって，外国人相談は，セーフティネットの役割を果たしていると見ることができる。

　相談者は，女性が多い。しかしながら，本研究では相談件数を述べ件数

76

で扱っているため，頻回相談者のデータが反映されやすいという限界がある。女性の相談内容は「離婚」の割合が高い。結婚移住女性で家庭生活にトラブルを抱えた女性からの相談が多いため、「離婚」相談が多くなったと考えられる。一方、男性の相談では，「生活情報」，「通訳・翻訳」，「労働問題」に関する相談が多く，日本語に不慣れなことで生活情報が得にくいこと，仕事関係のトラブルを抱えやすいことが考えられる。

心理的問題を抱える相談の傾向として，以下の7点が指摘できる。

① 心理的問題を抱える相談は，増加傾向にあり，頻回相談者がいる。
② 心理的問題を抱える相談者の8割が女性である。
③ 心理的問題を抱える相談の相談言語は，韓国語が半数を占める。
④ 心理的問題を抱える相談において，韓国語，中国語，ポルトガル・スペイン語では，女性が多く，英語では男性が多い。
⑤ 日本人の配偶者である結婚移住女性からの相談が多い。
⑥ 女性の場合，家庭内不和や離婚を背景とする相談が多い。
⑦ 頻回相談者がおり，相談員との親密性が増したり，相談員への依存が強くなる。

心理的な問題を抱える相談は，日本人の配偶者である結婚移住女性に多く，家庭内不和や離婚を背景とする問題が多い。離婚は，社会的再適用評価尺度（Holmes & Rahe, 1967）および，社会的再適用評価尺度をもとに作成された主婦のストレス調査票（夏目・村田, 1993）の中で，二番目にストレスフルなライフイベントとされており，相談者が心理的バランスを崩しやすい要因であるといえる。通常の離婚後の不安に加えて，結婚移住女性の場合には，手続きに関わる日本語の不自由さ，在留資格や就職の困難さ，部屋を借りるときなどに必要とされる保証人確保の難しさなど多くの問題が生じる。これらのことが結婚移住女性を心理的に追い込むことになる。

さらに主婦のストレス調査票（夏目・村田, 1993）では，「嫁・姑の葛藤」

第Ⅱ部　実証研究

は9位に位置付けられており，義母との不和も強力なストレッサーであるといえる。結婚移住女性の場合には，単なる嫁姑関係だけでなく，マジョリティである日本文化とマイノリティである外国文化の関係が持ち込まれ，より感情的衝突が激しくなる。

　特に「ブローカー婚」や「紹介婚」といった仲介婚で国際結婚に至った場合には，言葉の問題や互いをよく理解しないまま結婚したことから，このような家庭内不和，離婚に発展することが珍しくない。日本，韓国，台湾における調査（桐野他，2013）でも，3ヶ国の結婚移住女性に共通する生活問題として，夫婦・家族間の対人ストレスが挙げられている。心理的問題を抱える相談者の中にも，仲介婚で国際結婚し，家庭内不和や離婚の問題を抱える相談者が多くみられた。自らの国際結婚体験を書いた鈴木（2006）が述べるように，仲介婚で来日した結婚移住女性が日本社会で適応していくには，妻と夫自身の変容はさることながら，義父母などの家族の変容や周囲の支援が必要なのである。しかし，そのような相互交渉がうまくいかない場合，周囲に頼る人のいない結婚移住女性は，物理的にも心理的にも追い込まれ，外国人相談を頼ることになる。仲介婚という特異的な国際結婚を抱える地域にある「T外国人相談センター」では，このように仲介婚を背景とした離婚・家庭内不和の問題を抱える相談者に心理的問題が重なるといえる。

　またいずれの問題においても，異文化性が背景にあると考えられる。家庭内の問題には，日本語能力を含むコミュニケーションの問題のみならず，日本文化への同化圧力や妻の文化への不理解がうかがわれる。また対人トラブルや日常ストレスにおいても，言語や文化・価値観の違いがストレスやトラブルにつながっている。先行研究でも指摘されているように，外国人相談における心理的問題についてもコミュニケーションを含む異文化ストレスが結婚移住女性のメンタルヘルスに関連していることが示唆される。

第6章
結婚移住女性の異文化ストレス尺度作成の試み

第1節　問題と目的

　これまでの先行研究から，諸外国に比べて日本では結婚移住女性に関する研究が圧倒的に少ないことが指摘できる。また実態については，社会学・人類学分野からの事例報告があるが，量的調査の少なさからメンタルヘルスについて全体像を把握できていないことも指摘できる。したがって，第3章で述べたように，日本においても結婚移住女性のメンタルヘルスについて，量的調査から全体像を把握するとともに，心理的側面に着目した質的研究が必要とされる。

　結婚移住女性のメンタルヘルスを考えるにあたって，第4章，第5章では，外国人相談から心理的問題について検討を行ってきた。これらの結果から，異文化に起因すると思われる葛藤やストレスが心理的問題の背景にあることが指摘できる。

　異文化に関連するストレスは，文化変容ストレス（Acculturation stress, Acculturative stress），変容ストレス（Transitional stress, Transition-related stress），文化間ストレス（Cross-cultural stress, Transcultural stress），異文化ストレスなど様々に表されている。文化変容ストレスについて "Acculturation Stress" は，文化変容体験に関連したライフイベントに対するストレス反応（Berry, Poortinga, Breugelmans, Chasiotis & Sam, 2011），"Acculturative Stress" は文化変容過程の直接的な結果として生じるもの（Rodriguez, Myers, Mira, Flores & Garceia-Hernandez, 2002），あるいは移民が文化的差異を解決したり，最小化したりするときに生じる葛藤（Born, 1970）とされる。田中（2005）は，異文化ストレスを「異文化環境への移行のストレスや異文化性をもつ人との接触ストレス」としている。

第Ⅱ部　実証研究

　これらの定義を踏まえると，異文化に関連するストレスは，異なる文化で生活するときに生じる葛藤や困難さ，あるいはストレス反応と捉えることができる。本節では，異文化で生活する際に感じる葛藤や困難さに焦点を当て，それを異文化ストレスと定義することとする。

　異文化ストレスに関する尺度は，様々なものが開発されているが，既存の尺度を結婚移住女性の異文化ストレス尺度として使用するには，大きく二つの問題がある。1点目は，対象の問題である。先行研究でも述べたように，欧米においては，結婚移住女性を対象とした研究がほとんど行われておらず，それらの尺度をそのまま使用することは適切ではない。また韓国，台湾における研究では，異文化ストレス尺度を扱っている研究は少ない。さらに日本では，異文化ストレスに関する研究のほとんどは，留学生を対象としたものであり，結婚移住女性にそのまま適応することはできない。

　2点目は，異文化に起因するストレスであるか明示されていないことである。既存の異文化ストレス尺度には，勉学におけるストレスや人間関係のストレス，経済的困窮に関するストレスなど異文化だけに限定されないストレスも含まれている場合がある。異文化ストレスとしてこれらのストレスを扱うには，異文化に起因してこれらのストレスが生じているか明確に提示する必要があるだろう。

　したがって，結婚移住女性の異文化ストレスを明らかにし，尺度作成を行う必要がある。本章では，第一に結婚移住女性の異文化ストレス尺度を作成することを目的とし，第二に分析対象者の諸属性と異文化ストレスとの関連を検討する。

第2節　方　法

1　研究協力者および分析対象者

　研究協力者は，留学生以外の日本に暮らす外国人とした。地域の国際交流協会主催の外国人向けのストレスケア講座にて，研究への協力を募っ

た。また個人的な知り合いを通じて依頼した。

回答数は182部で，男性16部，女性165部，未回答1部であった（表6-1）。女性の141名が既婚者であり，うち夫が日本人は114名，自分と同じ国は21名，その他の国が2名であった。本研究では，夫が日本人である既婚の外国人女性114名を分析の対象とした。

表6-1　研究協力者内訳

性別	部数	婚姻状況	部数	既婚者の内訳	部数
女性	165	既婚	141	夫日本人	114
		離婚	9	夫同国人	21
		未婚	11	夫その他	2
		未回答	5	未回答	4
男性	16	既婚	12	妻日本人	8
		離婚	1	妻同国人	3
		未婚	3	妻その他	1

2　質問紙の構成

質問紙によって評価した項目は，フェイスシート，異文化ストレス尺度，精神的健康度，困ったときの相談先，友人との交流頻度，ソーシャルサポートの受領と提供，および日本での生活に対する満足度である。本章では，フェイスシート，異文化ストレス尺度，生活満足度の結果を使用する。

① フェイスシート

フェイスシートでは，年齢，性別，日本在住歴，出身国，在留資格，日本語能力，職業，学歴，婚姻の状況，配偶者の出身国，配偶者との出会い，子の有無について尋ねた。

② 異文化ストレス尺度

異文化ストレスは，異文化社会で生活する困難さをさす。異文化ストレス尺度は，離郷，言語，文化・価値観，社会環境，自然環境の五つの領域から4項目ずつの計20項目で構成し，過去3ヶ月のストレスを感じた度合いを「1：全く感じない」から「4：非常に感じる」の4件法で尋ねた。

81

異文化ストレス尺度の作成については後述する。

③ 生活満足度

生活満足度は，異文化ストレスとの関連が指摘されている。Papazyan, Bui & Der-Karabetian（2016）の研究では，文化変容レベル，異文化ストレス，エスニックアイデンティ，ジェンダー役割イデオロギーの中で，異文化ストレスのみが移民女性の生活満足度に影響を与えることが示された。先行研究において，女性の生活満足度は，社会的経済的要素と結びついているとされる（Dinener, Suh, & Oishi, 1997; McQuaide, 1998）。また結婚移住女性では，異文化ストレスが結婚満足度に影響することが示されている（Chung & Lim, 2011; Park & Park, 2013）。したがって，本研究では生活満足度を異文化ストレスの基準関連妥当性の検討に用いることとする。

社会的要素として社会生活，友人関係，余暇の満足度，経済的要素として生活水準の満足度，結婚満足度として家庭生活の満足度を設定し，それぞれの満足度を「1：とても不満」から「4；とても満足」の4件法で尋ねた。五つの項目を合計し，項目数で割ったものを生活満足度とした。

④質問紙作成手順

はじめに，精神的健康度のCES-Dを除いて日本語で質問紙を作成し，心理学を専門とする外国人に確認してもらい，わかりづらい日本語表現や質問項目についてフィードバックを受け日本語の質問紙を完成させた。その後，中国語，韓国語をそれぞれ母語とする心理学の専門家に中国語，韓国語への翻訳を，米国で心理学博士の学位を取得した日本人に英語への翻訳を依頼した。翻訳された質問紙を，さらに日本語にバックトランスレーションし，確認を行った。バックトランスレーションを行った者は，留学経験があり，その言語に精通している日本人および，心理学を専門とする日本語に精通した外国人であった。

英語と日本語の質問紙については，どちらの言語も母語話者でない人が

回答することが想定されたため，英語と日本語を併記して作成した。以上の手続きを経て，英語・日本語併記，中国語，韓国語の3種類の質問紙を作成した。

3 異文化ストレス尺度の作成

はじめに先行研究で用いられた異文化ストレスの項目を因子や領域ごとに分類した（表6-2）。異文化ストレスの項目を整理すると，主に母国に関連するストレスとホスト国に関連するストレスに分けることができる（表6-3）。母国ストレスには，帰国したときに不安やホームシックや母国にいる家族や友だちの心配などが含まれる。一方，ホスト国ストレスは，言語，文化・

表 6-2　異文化ストレス尺度作成に用いた先行研究

	研究	対象	因子／領域
海外	Cervantes et al.(1990)	メキシコ移民（2世含む）	婚姻，職業・経済，親，家族・文化，移住
	Finch et al.(2004)	移民農場労働者	言語的葛藤，法的地位，差別
	木村（1997a）	カナダ日系移民女性	生活，文化，家族，社会，婚姻
	Mena et al.(1987)	大学生（世代間比較）	社会，態度，家族，環境
	Norma et al.(2002)	メキシコ移民	スペイン語運用，英語運用，異文化適応，抗異文化適応
日本	江他（2006）	中国人就学生	生活基盤，勉強進学，習慣の違い，仲間の不在，対人関係
	周（1995）	在日中国系留学生	対人関係，勉学，健康・生活，経済的不安，文化環境
	モイヤー（1987）	留学生	多義性，拒否，価値観，日本語理解，先入観，生活厄介，生活不安
	大橋（2008）	京都大学留学生	人間関係，勉強・研究，住居・経済，日本語・日本文化，心身健康
	Ozeki et al.(2006)	大学の名簿から抽出	言葉，帰国後のこと，お金，仕事や大学の人間関係，文化的差異，ホームシック，孤独，日本社会への不適応，天気，差別，来日後の不安，日本の友人がいないこと，サポート情報の欠如，住居，日本の生活への失望，食べ物，健康，医療，母国の友人がいないこと，近所，ビザ，宗教の違い，安全
	田中他（1990）	留学生	対人関係，日常生活

第Ⅱ部　実証研究

表 6-3　異文化ストレスの分類

	領域	例
母国	母国	帰国後の不安　ホームシック　アイデンティティ　母国の家族・友だち
ホスト国	言語	外国語能力　2世3世の継承語問題
	文化・価値観	ホスト社会とのズレ　1世と2・3世のズレ
	社会環境	法的地位の不安定さ　経済的地位の不安定さ
	自然環境	食　気候　住環境

価値観，社会環境，自然環境の四つの領域に分けることができる。言語には，日本語能力など外国語を習得する困難や移民2世や3世が継承語[5]を理解できないといった問題が含まれる。文化・価値観は，学校や職場といった社会での文化・価値観の違いから生じるストレスと日本人家族や移民1世と2・3世の間など家族間でのズレから生じるストレスに分けることができる。社会環境は，法的地位の不安定さや経済的不安定さから生じるストレスが含まれる。自然環境には，物理的環境の違い気候や食といった違いから生じるストレスが含まれる。

　これらの中から，勉強といった学生に特有の項目や移民2・3世に特有の項目，母国への帰国を前提とする項目など，日本人の配偶者に当てはまらないと思われる項目を除き，具体的な項目を検討した。その際，一條（2012, 2015）の面接調査結果も参考に項目の作成を行った。また経済や嫁姑関係など異文化に起因する問題であるのか，判断が難しい項目もあった。したがって尺度の作成にあたっては，異文化に起因する問題であることをより明確に提示する表現を用いた。完成した項目を，日本人の配偶者である外国人女性に確認してもらい，わかりづらい項目や追加する項目を検討した。最終的に離郷，言語，文化・価値観，社会環境，自然環境の五つの領域に関するストレス項目をそれぞれ4項目作成し，計20項目の異文化ストレス尺度を完成させた（表6-4）。

5　中島（2003）によると，継承語とは，親から受け継いだことばであり，継承語はheritage languageの日本語訳である。最近北米ではheritage languageという用語が定着してきたが，オーストラリア，イギリス，ニュージーランドでは 'community languages,' 他の国では 'mother-tongue teaching' などと呼ばれる。

第 6 章　結婚移住女性の異文化ストレス尺度作成の試み

表6-4　異文化ストレス尺度

以下の項目は二つの文化の中で生きるときのストレスです。あなたはこの 3 ヶ月間で以下のストレスをどれくらい感じましたか？		全く感じない	あまり感じない	まあ感じる	非常に感じる
離郷	① ホームシック	1	2	3	4
	② 母国の家族や友だちが気になる	1	2	3	4
	③ 母国とつながりを失うこと	1	2	3	4
	④ 母語を話す機会が少ないこと	1	2	3	4
言語	⑤ 日本語を話すことが難しい	1	2	3	4
	⑥ 日本語を聞き取ることが難しい	1	2	3	4
	⑦ 日本語を読むことが難しい	1	2	3	4
	⑧ 日本語を書くことが難しい	1	2	3	4
文化・価値観	⑨ 母国の文化（習慣，宗教，価値観など）が理解されない	1	2	3	4
	⑩ 日本の文化（習慣，宗教，価値観など）を理解することが難しい	1	2	3	4
	⑪ 外国人であるがゆえに，家族・親戚づきあいに悩む	1	2	3	4
	⑫ 外国人であるがゆえに，職場や近所のつきあいに悩む	1	2	3	4
社会環境	⑬ ビザや国籍などに関わること	1	2	3	4
	⑭ 外国人であるがゆえに，老後，日本で生活すること	1	2	3	4
	⑮ 外国人であるがゆえに，職を得ることが難しい	1	2	3	4
	⑯ 差別されていると感じること	1	2	3	4
自然環境	⑰ 日本食が合わない	1	2	3	4
	⑱ 母国の食材が手に入らない	1	2	3	4
	⑲ 日本の気候が合わない	1	2	3	4
	⑳ 日本の住環境が合わない	1	2	3	4

4　手続き

　調査期間は，2014 年 10 月〜 2015 年 11 月であった。地域の国際交流協会主催の外国人向けのストレスケア講座にて，研究への協力を募った。また個人的な知り合いを通じて依頼した。研究協力者には，質問紙の表紙において，研究目的，自由参加であることを説明し，秘密保持を約束した。質問紙の回収は，直接回収した。謝礼として，研究協力者には，図書カードを渡した。

　質問紙は，209 部配布し，182 部の回答が得られた。回収率は，87.1 ％であった。

第Ⅱ部　実証研究

5　倫理的配慮

本研究計画は，東北大学大学院教育学研究科研究倫理審査委員会により承認を受けた（承認 ID:14-1-005）。

第3節　結　果

分析には，IBM SPSS Statistic 23 および IBM SPSS Amos 23 を使用した。またデータの欠損値には，系列データの平均を用いた。

1　分析対象者のプロフィール

分析対象者のプロフィールについて表6-5 に示す。年代は，30 代〜 40代で約 8 割を占めている。滞在年数は，10 年以上が 9 割を占めており，平均滞在年数は，13.25 年であった。出身国は，中国が約半数を占めており，次いで韓国，フィリピンである。学歴は，高校卒業程度が最も多い。在留資格では，永住者が 6 割以上で，日本国籍取得者も 2 割を占める。職

表 6-5　分析対象者のプロフィール

	属性区分	人数	比率 (%)
年代	20 代	1	0.9
	30 代	35	30.7
	40 代	55	48.2
	50 代	18	15.8
	60 代	5	4.4
滞在年数	1 年未満	4	3.5
	〜 5 年	6	5.3
	〜 10 年	20	17.5
	〜 15 年	40	35.1
	〜 20 年	23	20.2
	20 年以上	20	17.5
	未回答	1	0.9
出身国	中国	62	54.4
	韓国	21	18.4
	フィリピン	19	16.7
	ブラジル	3	2.6
	タイ	3	2.6
	その他	6	5.3

表6-5　分析対象者のプロフィール（つづき）

属性区分		人数	比率（%）
学歴	中学卒	12	10.5
	高校卒	39	34.2
	短大・専門学校卒	29	25.4
	大学卒	24	21.1
	大学院卒	7	6.1
	その他	1	0.9
	未回答	2	1.8
在留資格	日本国籍	24	21.1
	永住	72	63.2
	日本人の配偶者	16	14.0
	定住	2	1.8
職業	無職・主婦	43	37.7
	パート・アルバイト	23	20.2
	会社員	22	19.3
	自営業	9	7.9
	その他	12	10.5
	未回答	5	4.4
日本語能力	全くわからない	0	0.0
	単語程度	4	3.5
	片言の会話	12	10.5
	日常生活には困らない	58	50.9
	通訳・翻訳ができる	40	35.1
結婚経緯	友人	44	38.6
	学校・職場	20	17.5
	結婚紹介所	16	14.0
	家族	12	10.5
	その他	22	19.3
子の有無	あり	95	83.3
	なし	18	15.8
	未回答	1	0.9

業は，無職・主婦が約４割と多いが，パート・アルバイト，会社員，自営業を合わせた有職者は，約半数を占める。日本語能力は，「日常生活には困らない」人が半数，「通訳・翻訳ができる」人も約４割であった。結婚経緯は，結婚紹介所を介した仲介婚は，14.0％であった。また８割以上の人に子どもがいた。

2　因子の検討

異文化ストレス20項目について，天井効果・フロア効果を確認したと

第Ⅱ部　実証研究

ころ，「②母国とつながりを失うこと」，「⑬ビザや国籍などに関わること」，
「⑰日本食が合わない」，「⑱母国の食材が手に入らない」，「⑲日本の気候
が合わない」，「⑳日本の住環境が合わない」の6項目でフロア効果がみら
れた。偏りのあった6項目を削除し，14項目を分析対象とした。

　次に主因子法による因子分析を行った。項目決定の基準は，固有値1以
上，因子負荷量.40以上とした。その結果，3因子構造が妥当であると考
えられた。そこで再度3因子を仮定して，主因子法，プロマックス回転に
よる因子分析を行った。その結果，十分な因子負荷量を示さなかった項目
を除外し，再度主因子法，プロマックス回転による因子分析を行った。最
終的に，表6-6に示す因子パターンと因子間相関を得た。なお，回転前の
3因子で13項目の累積寄与率は，60.18％であった。

　第一因子は，「外国人であるがゆえに，職場や近所のつきあいに悩む」，
「外国人であるがゆえに，家族・親戚づきあいに悩む」，「外国人であるが
ゆえに，職を得ることが難しい」，「母国の文化（習慣，宗教，価値観など）
が理解されない」，「日本の文化（習慣，宗教，価値観など）を理解すること

表6-6　異文化ストレス尺度の因子分析結果

項目	Ⅰ	Ⅱ	Ⅲ
外国人であるがゆえに，職場や近所のつきあいに悩む	.81	.01	-.13
外国人であるがゆえに，家族・親戚づきあいに悩む	.75	-.12	.06
外国人であるがゆえに，職を得ることが難しい	.63	.14	.00
母国の文化（習慣，宗教，価値観など）が理解されない	.60	.04	-.03
日本の文化（習慣，宗教，価値観など）を理解することが難しい	.57	.09	.08
差別されていると感じること	.55	-.03	-.02
外国人であるがゆえに，老後，日本で生活すること	.41	-.04	.22
日本語を話すことが難しい	-.10	.89	.07
日本語を聞き取ることが難しい	-.04	.82	.05
日本語を読むことが難しい	.08	.71	-.03
日本語を書くことが難しい	.14	.55	-.13
母国の家族や友だちが気になる	-.10	.01	.79
ホームシック	.16	-.02	.71

因子間相関	Ⅰ	Ⅱ	Ⅲ
Ⅰ	—	.33	.34
Ⅱ		—	.09
Ⅲ			—

が難しい」,「差別されていると感じること」,「外国人であるがゆえに，老後，日本で生活すること」の7項目から構成されている。文化や価値観の違いや社会関係の構築の難しさに起因したストレスであることから「社会文化ストレス」因子と命名した。

第二因子は，「日本語を話すことが難しい」,「日本語を聞き取ることが難しい」,「日本語を読むことが難しい」,「日本語を書くことが難しい」の4項目から構成されている。日本語を使用の困難さが表われていることから，「言語ストレス」因子と命名した。

第三因子は，「母国の家族や友だちが気になる」,「ホームシック」の2項目から構成されている。母国から物理的に離れているために生じるストレスであることから「離郷ストレス」因子と命名した。

3 信頼性の検討

異文化ストレス各因子および全体の信頼性係数（α係数）を表6-7に示す。第一から第三までそれぞれの因子において.73～.83の範囲にあり，いずれにおいても内的整合性が確認された。

表6-7 異文化ストレス信頼性係数

因子名	項目数	M	SD	α係数
社会文化ストレス	7	2.25	.67	.82
言語ストレス	4	2.66	.76	.83
離郷ストレス	2	2.67	.78	.73
異文化ストレス	13	2.44	.53	.82

4 基準関連妥当性の検討

基準関連妥当性の検討には，生活満足度を用いた。生活満足度は，日本での生活ついて，家庭生活，生活水準，社会生活，友人関係，余暇の満足度を「1：とても不満」から「4：とても満足」の4件法で尋ねた。それぞれの満足度を合計し，項目数で割ったものを生活満足度得点とした（表6-8）。生活満足度の信頼性係数は，$\alpha = .80$ であった。

89

第Ⅱ部　実証研究

表 6-8　生活満足度

項目	M	SD
家庭生活	3.05	.76
生活水準	3.07	.71
社会生活	2.76	.78
友人関係	3.11	.66
余暇	2.80	.84
生活満足度	3.00	.55

　異文化ストレスの下位尺度と生活満足度のピアソンの積率相関係数を求めたところ，社会文化ストレス（*r*=-.38，*p*<.001）との間にある程度の負の相関がみられた。言語ストレス（*r*=-.05，*n.s.*），離郷ストレス（*r*=-.08，*n.s.*）とは相関がみられなかった。

5　分析対象者の属性と異文化ストレスの関連

①年齢，滞在年数，日本語能力，学歴

　年齢，滞在年数と異文化ストレスとのピアソンの積率相関係数，日本語能力，学歴と異文化ストレスとのスピアマンの順位相関係数を求めた（表6-9）。

表 6-9　属性と異文化ストレスの相関

	年齢	滞在年数	日本語能力	学歴	社会文化ストレス	言語ストレス	離郷ストレス
年齢	―	.52 ***	.08	.05	-.10	-.09	-.08
滞在年数		―	.48 ***	.23 *	-.11	-.25 **	-.04
日本語能力			―	-39 ***	-.19 *	-.50 ***	.02
学歴				―	-.01	-.28 **	.09

p<.05, **p*<.01, ***p*<.001

　滞在年数（*r*=-.25，*p*<.01），日本語能力（*r*=-.50，*p*<.001），学歴（*r*=-.28，*p*<.01）と言語ストレスとの間に負の相関がみられた。さらに言語ストレスの各項目と滞在年数とのピアソンの積率相関係数，日本語能力，学歴とのスピアマンの順位相関係数を求めた（表6-10）。

　滞在年数では，「日本語を話すことが難しい」（*r*=-.31，*p*<.001），「日本語を聞き取ることが難しい」（*r*=-.24，*p*<.01）との間に負の相関がみられた。日本

90

表 6-10　属性と言語ストレスの相関

	話すこと	聞き取ること	読むこと	書くこと
滞在年数	-.31 ***	-.24 **	-.18	-.08
日本語能力	-.44 ***	-.42 ***	-.43 ***	-.32 **
学歴	-.17	-.19 *	-.26 **	-.25 **

*p<.05, **p<.01, ***p<.001

語能力は,「日本語を話すことが難しい」(r=-.44, p<.001),「日本語を聞き取ることが難しい」(r=-.42, p<.001),「日本語を読むことが難しい」(r=-.43, p<.001),「日本語を書くことが難しい」(r=-.32, p<.01)いずれの項目とも負の相関がみられた。学歴では,「日本語を読むことが難しい」(r=-.26, p<.01),「日本語を書くことが難しい」(r=-.25, p<.01)との間に負の相関がみられた。

② **出身国**

出身国の上位三つ,中国,韓国,フィリピンについて,異文化ストレスの差があるか分散分析を行ったところ,離郷ストレスにおいて出身国の差がみられた(F(2,99)=5.61, p<.01)。図 6-1 に出身国別の離郷ストレス得点の平均値を示す。Tukey の HSD 法(5%水準)による多重比較を行ったところ,中国>韓国=フィリピンで有意な差がみられた。

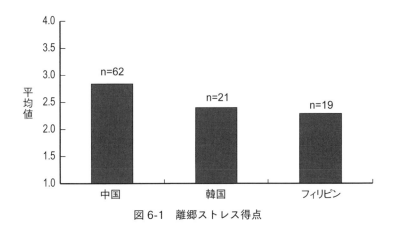

図 6-1　離郷ストレス得点

③ 職業

職業を無職（無職・主婦）と有職（パート・アルバイト，会社員，自営業）に分け，異文化ストレスの差があるかt検定を行ったところ，社会文化ストレス（$t(95)=1.57, n.s.$），言語ストレス（$t(95)=1.62, n.s.$），離郷ストレス（$t(95)=-1.02, n.s.$），いずれも職業の有無による有意な差はみられなかった。

④ 結婚経緯

結婚経緯による異文化ストレスの差があるか分散分析を行った。結婚経緯は，その他を除き，学校職場，友人，家族，結婚紹介所の4群に分け比較を行った。その結果，社会文化ストレス（$F(4,109)=1.70, n.s.$），言語ストレス（$F(4,109)=.31, n.s.$），離郷ストレス（$F(4,109)=1.42, n.s.$），いずれも結婚経緯による差はみられなかった。

⑤ 子の有無

子の有無により異文化ストレスに差があるかt検定を行ったところ，社会文化ストレス（$t(111)=-.56, n.s.$），言語ストレス（$t(111)=-.97, n.s.$），離郷ストレス（$t(111)=.42, n.s.$），いずれも子の有無による差はみられなかった。

⑥ 言語ストレスを予測する変数

滞在年数，学歴，日本語能力が言語ストレスに与える影響を検討するために，Amos20.0を用いて共分散構造分析を行った（図6-2）。滞在年数と

$*p<.05, **p<.01, ***p<.001$
$\chi^2=1.691, df=2, n.s.$, GFI=.993, AGFI=.963, RMSEA=.000, AIC=17.691

図6-2　言語ストレスを予測する変数

学歴から日本語能力へ正のパスが有意であり，日本語能力から言語ストレスへのパスが有意であった。

第4節　考　察

　分析対象者の上位三つの出身国は，中国54.4%，韓国18.4%，フィリピン16.7%であった。婚姻件数における「夫妻の一方が外国人の国籍別割合－平成26年－（厚生労働省, 2016）」の妻の国籍別割合は，中国40.1%，フィリピン20.0%，韓国・朝鮮16.1%である。この統計は，その年に入籍した人の統計であるため，それ以前に結婚した結婚移住女性のデータは反映されていないが，「夫妻の一方が外国人の国籍別婚姻件数の年次推移－昭和40〜平成26年－（厚生労働省, 2016）」のグラフをみると，1992年以降，中国，韓国，フィリピンが上位3位を占めていることがわかる。したがって，本データは全体的な結婚移住女性の出身国割合と概ね一致すると考えられる。年代や滞在年数，学歴，在留資格などは，全体的な結婚移住女性のデータがないので，比較することができない。また，調査地域が限定されているため，その地域の影響が結果に反映されている可能性は否定できない。本調査を行った地域は，外国人集住地域を抱えておらず，外国人比率は0.5%〜0.8%（法務省, 2016b; 総務省統計局, 2016 より計算）である。Chen et al. (2013) は，結婚移住女性のメンタルヘルスにおける都市と地方の差を示しているが，本結果には地方に暮らす結婚移住女性のデータが強く反映されている可能性がある。

　結婚移住女性の異文化ストレスは，社会文化ストレス，言語ストレス，離郷ストレスであることが明らかとなり，信頼性と妥当性が確認された。基準関連妥当性の検討において，言語ストレスおよび離郷ストレスと生活満足度に有意な関連がみられなかったのは，言語は社会参加や経済，家族関係などに間接的に関係があるものの，生活満足度に対して直接的な言語の影響が少なかったことが考えられる。また離郷ストレスに関しては，生活満足度が日本の生活に関することであったため，離郷ストレスの生活満

第Ⅱ部　実証研究

足度に対する影響が少なかったことが考えられる。

　はじめに想定した自然環境領域に関する異文化ストレスがフロア効果によって削除されたのは，研究協力者の多くが日本と地理的に近く，体格差も少ない（OECD, 2009, 2012）東アジア・東南アジア出身者であったことに起因すると考えられる。また「ビザや国籍などに関わること」と「母国とのつながりを失うこと」もフロア効果により削除された。「ビザや国籍などに関わること」にフロア効果がみられた理由として，研究協力者が結婚移住女性であったため，在留資格が安定していたことが考えられる。「母国とつながりを失うこと」にフロア効果がみられた理由として，近年のSNS[6] の発達により電話を含めた海外とのやり取りが気軽にできるようになったことが考えられる。「母語を話す機会が少ないこと」は，因子負荷量.40 以上を満たさず，いずれのストレスにも適合しなかったため削除された。

　属性との関連を検討したところ，言語ストレスにおいて，滞在年数，日本語能力，学歴との間に負の相関がみられた。さらに言語ストレスの下位項目「話す」，「聞く」，「読む」，「書く」と滞在年数，日本語能力，学歴との相関を分析した結果，日本語能力はいずれの項目とも負の相関を示し，日本語能力は「話す」，「聞く」，「読む」，「書く」いずれの困難さとも関連があることが示唆された。一方で，滞在年数では，「話す」，「聞く」では負の相関があったが，「読む」，「書く」では相関がみられなかった。これは，富谷・内海・齋藤（2009）の会話能力は自然学習によって，ある程度獲得できるが，読み書きの自然習得は非常に困難であるとする結果と一致する。これらのことから「話す」，「聞く」は日常生活の中である程度身につきストレスが軽減される一方で，「読む」，「書く」に関するストレスは日常生活の中では解消されにくく，意識的に学習する必要があることが示唆される。また学歴では，「読む」，「書く」と負の相関がみられ，上述し

6　ソーシャル・ネットワーキング・サービス（Social networking service）。

たように学習と読み書き能力との関連が深いことが明らかとなった。

　また出身国によって，離郷ストレスに差があることが示された。中国は韓国，フィリピンよりも離郷ストレスが高いことが明らかとなった。李相哲（2012）は，中国人にとっての家族について，家族はすべてに勝るとし，以下のように述べている。"中国人は衣食住も家族に依存しており，家族を離脱すると生活が成り立たない。職がなくても生きていけるが，家族がないと生きてゆけないのだ。また，病気になれば，家庭が病院となり，家族が看護する。老人を扶養するには家族であり，死後の面倒を見るのも家族だ。家族が一人の成功を支えるのだから，成功した人は家族の面倒を見なければならない。成功者に頼るのは当たり前だと，中国人は考えている（李相哲，2012, pp.97）"。このような家族愛，『孝』の意識は，家族を中心に親戚，隣人，友人関係に及ぶとしている。こうした身内に対する意識が中国出身者の離郷ストレスに影響していたことが考えられる。

　次に言語ストレスを従属変数とする共分散構造分析を行った結果，滞在年数と学歴が日本語能力に影響を及ぼし，日本語能力が言語ストレスに影響を及ぼすことが明らかとなった。滞在年数と学歴は，日本語との接触経験や学習経験，能力と関連していると考えられる。日本人との交流を通して日本語を使用する経験を増やすことや学習機会を増やすことによって，日本語能力が高まり、ひいては言語ストレスを軽減する可能性が示唆された。

第Ⅱ部　実証研究

第7章
結婚移住女性の精神的健康

第1節　問題と目的

　第3章では，日本の結婚移住女性研究において，量的調査がほとんど行われておらず，結婚移住女性のメンタルヘルスの全体像もわかっていないことを指摘した。したがって第6章では，量的調査を行うにあたり，第4章，第5章から浮かび上がってきた背景因としての異文化ストレスについて明らかにした。本章では，第6章で行った質問紙調査をもとに，結婚移住女性の精神的健康の状態および精神的健康の関連因について検討する。

　先行研究では，結婚移住女性のメンタルヘルス関連要因として，表2-3に示すように，移住以前の状況，本人の属性，夫の属性，家族の属性，外国語能力，ストレス（異文化・一般），文化変容度，生活適用度，満足度，ソーシャルサポートなどが挙げられている。

　移住以前の状況として，移住前の社会的状況，トラウマの有無，結婚離婚の経験，子の有無，結婚移住の経緯などが考えられる。これらの中で本章では，結婚移住の経緯に着目する。韓国，台湾における結婚移住女性研究では，第2章で示したように主に経済格差を背景とするアジア出身女性を対象としてきた。また日本でも経済格差を背景に仲介型結婚した外国人女性の問題が取り上げられてきた（桑山, 1995a）。しかしながら先行研究（Kahn, 1997; 大沢, 1989）で示されているように，異文化間結婚において心理的困難を抱えるのは，経済格差のある国や地域出身の女性たちに限ったことではない。これまで経済格差の有無，恋愛結婚や仲介結婚かといった結婚経緯によって，精神的健康に差があるのかは検証されていない。したがって，本章では結婚経緯の違いによって精神的健康に差があるのか検討を行うこととする。

96

本人，配偶者，家族の属性では，本人の属性を中心に取り上げる。配偶者の属性は，分析対象者を分類するため出身国のみ用いることとする。また家族の属性については，子育てと心理的問題などの関連が指摘されているため（橋爪他, 2003; 李他, 2015; 鶴岡, 2008），子の有無に着目する。

外国語能力は，結婚移住女性の精神的健康に関連することが示されている（Kim et al., 2011; Kim & Kim, 2013: Kim et al., 2013）。本章では，外国語能力として自己評価による日本語能力を用いることとする。

ストレスは，精神的健康と強く結びついている。Lazarus & Folkman (1984) は，"簡単に言えば，生活の質や，我々が精神的健康や身体的健康と通常いっているものは，人が生活のストレスを評価したり対処したりする方法と深く結びついているのである（pp.183）"と述べている。ストレスには，日常的なストレスに加えて，育児ストレスなどある特定の時期に経験するストレス，異文化ストレスなど特別な状況において生じるストレスなど様々なストレスがある。結婚移住女性の精神的健康において，異文化ストレスは，一般ストレスと同様に抑うつに影響を与えることが示されている（Kim et al., 2013）。また Kim & Kim (2013) においても異文化ストレスが抑うつに影響を与えることが示されている。第4章においても，心理的問題の背景に異文化ストレスがあることが示唆された。したがって本章では，異文化ストレスに着目し，第6章で明らかにした異文化ストレスの精神的健康への影響について検討する。

さらに，ストレスや精神的健康と関連する変数として，ソーシャルサポートを取り上げる。ソーシャルサポートは精神的健康に影響を与えることが広く知られている。ソーシャルサポートは，"狭義には，個人が取り結ぶネットワークの成員間で，個人のウェル・ビーイングを増進させる意図で交換される心理的・物質的資源をいう。社会的支援と訳す。広義の概念には，社会的統合や社会的ネットワークも含まれる（田中, 1997, pp.191）"。ソーシャルサポートは，結婚移住女性のメンタルヘルスと正の関連があることが示されている（Chen et al., 2013; Chou, 2012; Kim et al., 2010; Lin & Hung, 2007）。

第Ⅱ部　実証研究

　ところで，これまでの結婚移住女性のソーシャルサポート研究の多く
は，ソーシャルサポートの受領に目が向けられてきた。しかしながら近年
のソーシャルサポート研究においては，ソーシャルサポートの提供や互恵
性という観点の重要性が指摘されている（福岡, 1999; 周・深田, 1996）。特
に，高齢者では，身体的機能の低下，社会的役割の喪失などから，サポー
トを受ける側として研究されてきたとした上で，三浦・上里（2006）は，
一方的に他者に依存したり，援助してもらうだけでなく，同時に他者に対
する援助を行うことによって，より高い心理適応を抱くことが可能になる
という。高齢者同様に，結婚移住女性もサポートを受領する側面に目が向
けられてきた。一方，これまでの研究から移民のソーシャルサポートにお
けるエスニックネットワークの重要性は明らかであり（木村, 1997），そこ
でサポートを提供しているのも移民である。また一條（2012）の調査にあ
たって，結婚移住女性から，「来日当初はサポートを受ける側だったが，
数十年たった今はサポートをする側だ」といった指摘を受けた。したがっ
て，結婚移住女性のソーシャルサポートを扱う場合には，時間的な視点に
立つことが重要である。そこで本章では，ソーシャルサポートの受領だけ
でなく，サポートの提供，および時間軸による変化にも着目することとす
る。成人女性の場合，心理的な苦痛を防ぐ要因は，主に援助者としての役
割を期待されない友人とのサポート関係にあるとの指摘から（福岡・橋本,
1997），本研究では，友人のサポートに着目する。

　さらに，結婚移住女性の場合，同国人のみならず，日本人の友人や電話や
Ｅメールを通じた母国の友人が精神的な健康の維持に役立っているとの指摘
がある（鈴木, 2012）。したがって本研究では，日本人や同国人，母国人いる
友人，日本にいる外国人の友人といった友人との交流頻度にも着目する。

　最後に，心理的な悩みを抱えた際の相談先について取り上げる。誰に相
談するかといった相談行動は，文化社会的な要因が影響するといわれてい
る（野田・倉林・高橋・野内・鵜川・吉田・近藤・野口, 2009; 野内・飯田・阿部・
井上・平野・野田, 2010; 鵜川・野田・手塚・松岡・Ganesan, 2010）。したがって，

98

第7章　結婚移住女性の精神的健康

予防や支援を考える上で相談行動を扱うことは，重要であるといえる。

　以上のことから本章の目的は，結婚移住女性の精神的健康状態を明らか
にすること，精神的健康に影響を与える要因の検討を行うこと，諸変数と
ソーシャルサポートの関連を検討すること，結婚移住女性の相談先につい
て明らかにすることとした。

第2節　方　法
　研究協力者および分析対象者，手続き，倫理的配慮は，第6章と同様の
ため省略する。

1　質問紙の構成
　質問紙によって評価した項目は，フェイスシート，異文化ストレス尺
度，精神的健康度，困ったときの相談先，友人との交流頻度，ソーシャル
サポートの授受，および日本での生活に対する満足度である。第6章と同
様であるフェイスシート，異文化ストレス尺度の説明，質問紙作成の手
順，および本章で用いなかった日本での生活に対する満足度は省略する。

① 精神的健康度
　精神的健康度には，CES-D（Radloff, 1977）を用いた。英語は，CES-D
（Radloff, 1977）を使用し，日本語（CES-D［セスデー］うつ病［抑うつ状態］
自己評価尺度：千葉テストセンター），韓国語（Chon, Choi & Yang, 2001），中国
語（Zhang, Wu, Fang, Li, Han & Chen, 2010）では，それぞれの言語に翻訳さ
れ，信頼性と妥当性が検証されているものを用いた。各項目は，0－3ま
での4件法で構成されており，総計が高ければ高いほど抑うつレベルが高
いことを示している。16ポイント以上は抑うつ状態が疑われる。

② 困ったときの相談先
　困ったときの相談先は，家族や自分自身が心理的問題を抱えた際に，ど

99

第Ⅱ部　実証研究

こに相談するかを複数回答で尋ねた。相談先の選択肢は，「1. 日本の家族」，「2. 母国の家族」，「3. 日本にいる友人（日本人）」，「4. 日本にいる友人（同国人）」，「5. 日本にいる友人（日本人・同国人以外）」，「6. 母国の友人」，「7. 宗教関係者」，「8. 専門の相談機関や病院など」，「9. 行政の相談窓口」，「10. 外国人相談」，「11. その他」，「12. 相談しない」とした。

③ 友人との交流頻度

友人との交流頻度は，日本人の友人，同国人の友人，同国人でない外国人の友人，母国にいる友人について，メールや電話，面会などの交流頻度について「1. 全くそうは思わない」，「2. あまりそうは思わない」，「3. まあそう思う」，「4. 非常にそう思う」の4件法で尋ねた。

④ ソーシャルサポートの授受

ソーシャルサポートの授受は，JMS-SSS（Jichi Medical School ソーシャルサポートスケール）（堤・茅場・石川・苅尾・松尾・詫摩, 2000）を用いた。JMS-SSS は，地域住民に認知されるソーシャルサポートを測定する尺度として開発されたもので，家族，配偶者，友人からのサポートを測定する。情報的サポート，手段的サポート，情緒的サポートを測定することを想定して作られた。成人女性の場合，心理的な苦痛を防ぐ要因は，主に援助者としての役割を期待されない友人とのサポート関係にあるとの指摘から（福岡・橋本, 1997），本研究では，友人からのサポートのみ用いた。ソーシャルサポートの提供は，JMS-SSS を修正し，自分が友人にどれだけサポートを提供しているかを尋ねた。

第3節　結　果

分析には，IBM SPSS Statistic 23 を使用した。またデータの欠損値には，系列データの平均を用いた。分析対象者のプロフィール，異文化ストレスの結果は，第6章と同様であるため，省略する。

1 精神的健康度（抑うつ度）

抑うつ度は，CES-D（Radloff, 1977）をもとに，日本語，韓国語，中国語では，それぞれの言語に翻訳され，信頼性と妥当性が検証されているものを用いた。日本語と英語は，どちらも母語でない人が記入する可能性が高かったので，併記して用いた。なお，各言語のCES-Dでは，中国語は中国出身者，韓国語は韓国出身者，日・英併記は，フィリピン出身者および中国・韓国以外の出身者のデータが主に反映されている。言語ごとの結果を表7-1に示す。抑うつが疑われる16点以上は45人で，39.47%であった。

表7-1 抑うつ度

質問紙の言語	度数	M	SD
日・英併記	30	18.41	9.99
中国語	62	13.47	10.82
韓国語	22	15.22	9.41
全体	114	15.11	10.47

2 困ったときの相談先

家族や自分自身に心の問題（深刻な悩み）を抱えたときの相談先を複数回答で尋ねた。結果を表7-2に示す。日本にいる同じ国出身の友人が最も多く，次いで日本の家族，母国の家族であった。

表7-2 相談先

項目	N	割合 (%)
日本にいる友人（同国人）	54	47.4
日本の家族	49	43.0
母国の家族	49	43.0
日本にいる友人（日本人）	32	28.1
母国の友人	26	22.8
専門の相談機関や病院	15	13.2
宗教関係者	11	9.6
外国人相談	8	7.0
日本にいる友人（日本・同国人以外）	8	7.0
行政	7	6.1
その他	3	2.6
相談しない	10	8.8

（複数回答）

第Ⅱ部　実証研究

3　友人との交流頻度

　友人との交流頻度，直接会ったり，メールしたり，電話したりする頻度を「1. 全くそうは思わない」，「2. あまりそうは思わない」，「3. まあそう思う」，「4. 非常にそう思う」の4件法で尋ねた。結果を表7-3に示す。日本にいる同じ出身国の友人との交流頻度が最も多く，次いで母国にいる友人が多く，母語で話せる友人との交流頻度が高かった。

表7-3　友人との交流頻度

項目	M	SD
日本の友だち	2.82	.89
同じ出身国の友だち	3.30	.80
同じ出身国でない外国人の友だち	2.23	.90
母国にる友だち	3.02	1.02

4　ソーシャルサポート

①因子の検討

　JMS-SSS（堤他, 2000）によるソーシャルサポートの受領サポートについて，主因子法による因子分析を行った。項目決定の基準は，固有値1以上，因子負荷量.40以上とした。その結果，2因子構造が妥当であると考えられた。そこで再度2因子を仮定して，主因子法，プロマックス回転による因子分析を行った。最終的に，表7-4に示す因子パターンと因子間相関を得た。なお，回転前の2因子で10項目の累積寄与率は，62.51%であった。

　第一因子は，JMS-SSSにおいて，情報サポートとされる「あなたに何か困ったことがあって、自分の力ではどうしようもないとき，助けてくれる」，「物事をいろいろよく話し合って、一緒にとりくんでゆける」と手段サポートとされる「あなたが経済的に困っているときに、頼りになる」，「あなたが病気で寝込んだときに，身の回りの世話をしてくれる」，「引っ越しをしなければならなくなったときに、手伝ってくれる」，「家事をやったり、手伝ったりしてくれる」の6項目からなる。したがって，第一因子は「情報手段サポート」と命名した。

　第二因子は，JMS-SSSにおいて，情緒サポートとされる「気持ちが通じ

第7章　結婚移住女性の精神的健康

表7-4　受領サポート因子分析結果

項目	I	II
あなたが病気で寝込んだときに，身の回りの世話をしてくれる	.86	-.19
引っ越しをしなければなくなったときに，手伝ってくれる	.80	.02
家事をやったり，手伝ったりしてくれる	.66	.02
あなたが経済的に困っているときに，頼りになる	.63	.05
あなたに何か困ったことがあって，自分の力ではどうしようもないとき，助けてくれる	.49	.29
物事をいろいろよく話し合って，一緒にとりくんでゆける	.42	.38
気持ちが通じ合う	-.12	.86
お互いの考えや将来のことなどを話し合うことができる	-.07	.86
あなたの喜びを我がことのように喜んでくれる	.06	.67
友だちがいるので孤独ではないと思う	.09	.62

	因子間相関	I	II
	I	—	.60
	II		—

合う」，「お互いの考えや将来のことなどを話し合うことができる」，「あなたの喜びを我がことのように喜んでくれる」，「友だちがいるので孤独ではないと思う」の4項目からなる。しがたって，「情緒サポート」と命名した。

　同様に提供サポートについても，主因子法による因子分析を行った。項目決定の基準は，固有値1以上，因子負荷量.40以上とした。その結果，2因子構造が妥当であると考えられた。そこで再度2因子を仮定して，主因子法，プロマックス回転による因子分析を行った。最終的に，表7-5に示す因子パターンと因子間相関を得た。なお，回転前の2因子で10項目の累積寄与率は，64.30％であった。

　第一因子は，「友だちに何か困ったことがあって、自分の力ではどうしようもないとき、助けてあげる」、「物事をいろいろよく話し合って、一緒に取り組んであげる」、「友だちの気持ちを理解してあげる」、「あなたは、友だちとお互いの考えや将来のことなどで話合う」、「友だちの喜びを我がことのように喜んであげる」、「友だちは、あなたがいるので孤独ではないと思う」の6項目から構成された。初めの2項目「友だちに何か困ったことがあって、自分の力ではどうしようもないとき、助けてあげる」、「物事をいろいろよく話し合って、一緒に取り組んであげる」は、JMS-SSS（同

103

第Ⅱ部　実証研究

表7-5　提供サポート因子分析結果

項目	I	II
あなたは，友だちとお互いの考えや将来のことなどで話合う	.85	-.07
友だちの喜びを我がことのように喜んであげる	.79	-.05
友だちの気持ちを理解してあげる	.78	-.05
友だちは，あなたがいるので孤独ではないと思う	.72	-.01
物事をいろいろよく話し合って，一緒に取り組んであげる	.66	.15
友だちに何か困ったことがあって，自分の力ではどうしようもないとき，助けてあげる	.60	.16
友だちが病気で寝込んだときに，身の回りの世話をしてあげる	.04	.84
引っ越しをしなければならなくなったときに，手伝ってあげる	.03	.79
家事をやったり，手伝ったりしてあげる	-.13	.65
友だちが経済的に困っているときに，あなたは頼りになる存在だ	.13	.57

因子間相関	I	II
I	—	.65
II		—

書）において情報サポートとされる「あなたに何か困ったことがあって，自分の力ではどうしようもないとき，助けてくれる」，「物事をいろいろよく話し合って、一緒にとりくんでゆける」と対応している。残りの4項目「友だちの気持ちを理解してあげる」，「あなたは，友だちとお互いの考えや将来のことなどで話合う」，「友だちの喜びを我がことのように喜んであげる」、「友だちは、あなたがいるので孤独ではないと思う」は、JMS-SSS（同書）において情緒サポートとされる「気持ちが通じ合う」，「お互いの考えや将来のことなどを話し合うことができる」，「あなたの喜びを我がことのように喜んでくれる」，「友だちがいるので孤独ではないと思う」に対応している。したがって，第一因子は「情報情緒サポート」と命名した。

　第二因子は，「友だちが病気で寝込んだときに、身の回りの世話をしてあげる」，「引っ越しをしなければならなくなったときに、手伝ってあげる」，「家事をやったり、手伝ったりしてあげる」「友だちが経済的に困っているときに、あなたは頼りになる存在だ」の4項目から構成された。これらは、JMS-SSS（同書）の手段サポートとされる「あなたが病気で寝込んだときに、身の回りの世話をしてくれる」，「引っ越しをしなければなくなったときに、手伝ってくれる」，「家事をやったり、手伝ったりしてくれ

104

第7章　結婚移住女性の精神的健康

る」、「あなたが経済的に困っているときに、頼りになる」に対応している。したがって「手段サポート」とし命名した。

　因子の合計を項目数で割ったものをそれぞれのサポート得点とした。各得点と信頼性係数は表7-6のとおりであった。

表7-6　ソーシャルサポート

		M	SD	α係数
受領サポート	情報手段サポート	2.63	.69	.85
	情緒サポート	3.21	.58	.83
提供サポート	情報情緒サポート	3.29	.56	.88
	手段サポート	2.76	.67	.80

5　ソーシャルサポートと属性の関連

　年齢，滞在年数とソーシャルサポートとのピアソンの積率相関係数，日本語能力，学歴とのスピアマンの順位相関係数を求めた（表7-7）。滞在年数と情報情緒提供サポートの間に正の相関がみられた（$r=.23, p<.05$）。

表7-7　ソーシャルサポートと属性の相関

	情報手段 受領	情緒 受領	情報情緒 提供	手段 提供
年齢	-.04	.10	.12	.00
滞在年数	.06	.12	.23 *	.11
日本語能力	-.02	.18	.10	.01
学歴	.05	.10	.11	.00

$*p<.05, **p<.01, ***p<.001$

　職業の有無，子の有無によりソーシャルサポートに差があるかt検定を行ったところ，有職者の情緒受領サポート得点が無職よりも高かった（$t(95)=.26, p<.05$）。子の有無では，差はみられなかった。

　また主要出身国（中国，韓国，フィリピン），結婚経緯（その他を除く，学校職場，友人，家族，紹介所）によって受領（情報手段・情緒）・提供（情報情緒・手段）サポートに差があるか分散分析を行った。情報情緒提供サポート（$F(2,99)=3.73, p<.05$）と手段提供サポート（$F(2,99)=7.35, p<.001$）において，出身国の有意な差がみられた（図7-1）。TukeyのHSD法（5％水準）による多重比較を行ったところ，情報情緒提供サポート得点はフィリピン

105

第Ⅱ部　実証研究

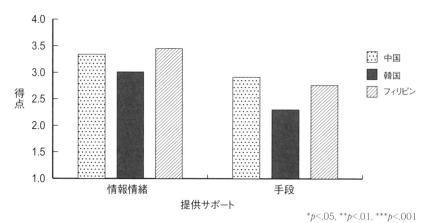

図 7-1　出身国による提供サポートの差

＝中国＞韓国であり，韓国と中国，韓国とフィリピンの間に有意な差がみられた。手段提供サポート得点は中国＞韓国であり，韓国と中国の間に有意な差がみられた。結婚経緯による差はみられなかった。

6　友人の交流頻度とソーシャルサポート

　友人との交流頻度（日本人・同国人・外国人・母国）とソーシャルサポートとのスピアマンの順位相関係数を求めた（表 7-8）。日本人との交流頻度と情報手段受領サポート（$r=.36, p<.001$），情緒受領サポート（$r=.33, p<.001$），情緒情報提供サポート（$r=.27, p<.01$）との間に正の相関がみられた。同国人との交流頻度と情報手段受領サポート（$r=.24, p<.01$），情緒受領サポート（$r=.33, p<.001$），情報情緒提供サポート（$r=.28, p<.01$）との間に正の相

表 7-8　友人の交流頻度とソーシャルサポートの相関

	情報手段 受領	情緒 受領	情報情緒 提供	手段 提供
日本人	.36 ***	.33 ***	.27 **	.09
同国人	.24 **	.33 **	.28 **	.15
外国人	.22 *	.12	.04	-.04
母国	.21 *	.18	.17	.16

*$p<.05$, **$p<.01$, ***$p<.001$

関がみられた。外国人との交流頻度と情報手段受領サポート（$r=.22$, $p<.01$），母国の友人との交流頻度と情報手段受領サポート（$r=.21$, $p<.01$）に弱い正の相関がみられた。

7 抑うつ度と属性の関連

年齢，学歴，滞在年数，日本語能力と抑うつ度とのスピアマンの順位相関係数を求めたところ，日本語能力と抑うつの間に負の相関がみられた（$r=-.27$, $p<.01$）。年齢（$r=-.09$, $n.s.$），学歴（$r=-.06$, $n.s.$），滞在年数（$r=-.05$, $n.s.$）とは相関がみられなかった。

職業の有無，子の有無により抑うつ度に差があるか t 検定を行ったところ，職業の有無（$t(72.35)=.17$, $n.s.$），子の有無（$t(111)=.91$, $n.s.$）いずれも差はみられなかった。

また主要出身国（中国，韓国，フィリピン），結婚経緯（学校職場，友人，家族，紹介所）により抑うつ度に差があるか検討するため，分散分析を行ったところ，出身国（$F(2.99)=1.80$, $n.s.$），結婚経緯（$F(3.88)=1.3$, $n.s.$）いずれも差はみられなかった。

友人との交流頻度（日本人・同国人・外国人・母国）と抑うつとのスピアマンの順位相関係数を求めたところ，日本人（$r=-.25$, $p<.01$），母国（$r=-.31$, $p<.01$）との間に正の相関がみられた。同国人（$r=-.13$, $n.s.$），外国人（$r=-.17$, $n.s.$）とは相関がみられなかった。

8 抑うつを予測する変数

異文化ストレス，ソーシャルサポート，抑うつ度のピアソンの積率相関係数を求めた（表7-9）。

異文化ストレスとソーシャルサポート，生活満足度，友人との交流頻度および人口学的変数が抑うつ度に与える影響を検討するためにステップワイズ法による重回帰分析を行った。説明変数には，異文化ストレス（社会文化，言語，離郷），ソーシャルサポート（情報手段受領，情緒受領，情報情緒

第Ⅱ部　実証研究

表7-9　異文化ストレス，ソーシャルサポート，抑うつの相関

	異文化ストレス			受領サポート		提供サポート		
	社会文化	言語	離郷	情報手段	情緒	情報情緒	手段	抑うつ度
社会文化	-	.30 **	.32 ***	-.16	-.21 *	-.17	-.11	.42 ***
言語		-	.07	-.07	-.09	.08	.08	.13
離郷			-	.04	-.13	-.08	-.04	.13
情報手段				-	.56 ***	.38 ***	.55 ***	-.29 **
情緒					-	.51 ***	.35 ***	-.42 ***
情報情緒						-	.58 ***	-.30 **
手段							-	-.19 *
抑うつ度								-

$*p<.05, **p<.01, ***p<.001$

提供，手段提供），友人との交流頻度（日本人，同国人，外国人，母国），滞在年数，日本語能力，学歴を用いた。結果を表7-10に示す。情緒受領サポート，日本語能力，母国の友だちから負の標準回帰係数が，社会文化ストレスから正の標準回帰係数が有意であった。

表7-10　抑うつを予測する変数

	B	SE B	β
説明変数			
情緒受領サポート	-5.57	1.39	-.31 ***
社会文化ストレス	4.42	1.21	.28 ***
母国の友達	-2.34	.78	-.23 **
日本語能力	-2.82	1.06	-.20 **
R2	.39 ***		

基準変数：抑うつ度

$*p<.05, **p<.01, ***p<.001$

第4節　考　察

1　抑うつ度

　抑うつ度の平均値は，15.11で，抑うつを疑われる16点以上は39.47%であった。本研究の結果は，CES-Dを用いた先行研究と大きく異なることはなかった（表7-11）。日本在住一般成人女性の平均値は13.64（SD8.26）であり（今野・鈴木・大嵜・降旗・高橋・兼板・大井田・内山, 2010），結婚移

第 7 章　結婚移住女性の精神的健康

表 7-11　先行研究における抑うつレベル

先行研究	対象	規模	平均	16 点以上
Kim et al.(2011)	韓国における結婚移住女性	316 名	14.1	39.9%
木村 (1997)	カナダへの日系移民女性	119 名	14.1	36.4%
深谷 (2002)	集団健康診断に訪れた新来外国人（男女）（フィリピン 39.1%，日系ブラジル 34.5%）	74 名	15.9	50.0%
Salgado de Snyder et al. (1990)	米国移民女性（メキシコ系，中米系）	112 名	17.7	－

住女性の方がやや高い。抑うつが疑われる 16 点以上の割合は，日本在住
一般成人女性全体で 39.4% であり（同書），本研究とほぼ同じ割合であっ
た。これらの結果から，日本在住女性と比較して，結婚移住女性の精神的
健康の状態は不良であるとは一概にはいえない。

　しかしながら，約 4 割の結婚移住女性は抑うつが疑われる状態にあり，
結婚移住女性の精神的健康状態が決して楽観視できる状態にないことが明
らかとなった。

2　困ったときの相談先

　家族や自分自身が心理的な問題を抱えた際，4 割の人が「日本にいる同
国人の友人」，「日本の家族」，「母国の家族」を相談先として選択している。
一方「専門の相談機関や病院」は 1 割弱に留まっている。医療人類学者
で，精神科医の Kleinman (1980) は，「ヘルスケア・システム[7]」の中で
病気エピソード全体のおよそ 70% から 90% が，民間セクター内部のみで
処理されるとしている。本研究においても，家族や同国人といった身近な
人々が相談先として選ばれていることが明らかとなった。この結果から，
メンタルヘルスに関する予防策を考えるにあたって，日本人家族や外国人
コミュニティに向けて，心理教育などを行うことが問題を抱える当事者に

---

[7] 「ヘルスケア・システム」は，病気に関連した社会的な諸要素を統合する概念であり，民間セク
　ター（popular sector），専門職セクター（professional sector）民俗セクター（folk sector），の 3 領域
　に分けられ，民間セクターは最も大きな領域として位置付けられる（Kleinman, 1980）。

第Ⅱ部　実証研究

有益な情報を提供することにつながることが考えられる。

3　ソーシャルサポートに関連する変数

　ソーシャルサポートと属性の関連では，滞在年数と情報情緒提供サポートの間に弱い正の相関がみられた。これは，滞在年数が長くなるにつれて，サポートを受けるだけでなく，サポート提供する側にも回っている可能性を示唆するものである。しかしながら，時間とソーシャルサポートにはっきりとした関連がみられなかった要因として，結婚移住女性のソーシャルサポートを的確に捉えられていなかった可能性が考えられる。留学生研究においては，外国人特有のソーシャルサポートが検討され，尺度化されている（周, 1995; 周・深谷, 2002）。結婚移住女性においても，来日当初は言語的支援などのサポートを受けることが多いが，次第に同国出身者をサポートしたり，社会活動を通して地域貢献していく過程が報告されている（一條, 2012）。言語的支援や諸手続きの援助など結婚移住女性が必要とする特有のソーシャルサポートを捉えられていなかった可能性が考えられる。結婚移住女性特有のソーシャルサポートの検討については今後の課題としたい。

　情緒受領サポートにおいて，有職者の方が無職よりも多く受領しているという結果が示された。有職者の方が，無職者よりもソーシャルネットワークが広いことが想定され，情緒受領サポートが高かったと考えられる。

　また出身国によるソーシャルサポートの違いがみられた。情報情緒提供サポートは，フィリピン＝中国＞韓国の順に高いことが，手段提供サポートは，中国＞韓国であり，韓国出身者の提供サポートが低いことが明らかとなった。韓国出身者は，そもそも同国出身者同士がつながりにくく，自助グループを作りにくいと言われている[8]（李善姫, 2012）。したがって提供

8　その要因として李善姫（2012）は，ステレオタイプ化されている結婚移民へのイメージから逃れるため，「差異化」と「戦略的不可視化」が行われていることと来日当初から将来のエスニックビジネスに至るまで同国出身者の間で激しい競争原理が働いていることを挙げている。

サポートが低かったと考えられる。

　友人との交流頻度との関連では，日本人との交流が多い人，同国人との交流が多い人ほど，受領サポートも高いことが示された。このことから，ソーシャルサポート受領においては，日本人・同国人双方からのサポートが重要であることが示唆された。また日本人・同国人との交流が多い人ほど，情報情緒提供サポートが高く，同国人のみならず，日本人に対してもサポートの提供が行われていることが示唆された。

4　抑うつ度と属性の関連

　抑うつと属性の関連では，日本語能力と抑うつの間に負の相関がみられた。日本語能力が高いほど，言語ストレスも低く，生活上の支障も少ないことが想定される。そのため，抑うつと日本語能力との間に相関がみられたと考えられる。

　また主要出身国や結婚経緯によって抑うつ度に差はみられなかった。第1章において，出身国や結婚経緯にかかわらず心理的問題は結婚移住女性誰しもが抱えうるということを指摘したが，本章において結婚経緯による差はないことが示された。しかしながら主要出身国は，いずれもアジアであったため，早急に結論を出すことはできない。欧米諸国を含めた検討を今後の課題としたい。

5　抑うつを予測する変数

　重回帰分析を行ったところ，情緒受領サポート，文化社会ストレス，母国の友人との交流，日本語能力が抑うつに影響する変数であることが明らかとなった。

　ソーシャルサポートの重要性は，先行研究においても指摘されているところであるが（Noh, Wu, & Avison, 1994; 木村, 1997），本研究結果から特に情緒サポートの受領が重要であることがわかった。情報手段サポートは，日本語に不自由な初期に特に必要なサポートであると考えられる一方で，情

緒サポートは，初期の段階でも，長期的にも必要とされるサポートであることから，抑うつへの影響が大きかったと考えられる。

　異文化ストレスの中で，文化社会ストレスが最も抑うつへの影響が大きいことが明らかとなった。文化社会ストレスは，上手く社会参加できていなかったり，文化価値観の相互理解が進まないことで生じるストレスである。これには，受け入れ社会と外国人，両者の理解が関わっており，日本語能力のように一方の努力で解消しうるものではない。そのような解消の困難さが抑うつへの影響を高めていると考えられる。文化社会ストレスの緩和や相互理解のプロセスについては，第8章のインタビュー調査などを通じて明らかにしていきたい。

　母国の友人との交流が抑うつに影響していたことについては，母国の友人と交流を持つことで，精神的な安定を得ていることが推察される。近年では，SNSの発達により，母国とのコミュニケーションがより便利に，より容易になっている。以前は，母国にいる家族でさえも国際電話で連絡を取ることは容易ではなかったが，今はSNSを通じて比較的容易に母国の友人関係を維持し，そこからサポートを得ることができる。

　また日本語能力が高いほど，社会参加や日本社会との摩擦も解消されやすく，抑うつへ影響を与えたと考えられる。日本語能力の重要性は，先行研究においても指摘されてきたところではあるが（Kim et al., 2011; Kim & Kim, 2013; Kim et al., 2013），改めて抑うつとの関連が示された。メンタルヘルスの予防的視点からも，日本語支援が重要であるといえる。

第 8 章
結婚移住女性の異文化適応過程

第 1 節　問題と目的

　これまでの結婚移住女性に関する異文化適応研究は，異文化不適応研究であるとの指摘がある（歌川・丹野, 2008）。それは，精神保健領域における研究の多くが，病院を訪れた外国人，つまり問題が顕在化した事例を扱ってきたことに起因する（桑山, 1995; 許, 2010; 大西他, 1987b）。近年，ネガティヴな影響や問題に焦点を当てるのではなく，人間の強みや長所に着目するポジティヴ心理学が注目されている（Seligman & Csikszentmihalyi, 2000）。これまでの在住外国人研究は，原因追及型研究であり，当事者の経験や問題解決に目が向けられることはあまりなかった。しかしながら，葛藤やストレスを抱えながらも，日本に上手く適応し暮らしている結婚移住女性たちが多くいる。彼女たちがどのように困難やストレスを乗り越え，日本で生活してきたのか，問題解決の視点にたって，検討する必要があるだろう。

　加えて結婚移住女性のような長期滞在者の場合，ライフイベントと精神的健康の関連が指摘されている（江畑, 1989; 許, 2010; 大西他, 1995）。原因追及型研究の場合には，問題が起こる直前のライフイベントしか知ることができない。結婚移住女性のような長期居住者の場合には，長い異文化生活の中で，様々なライフイベントがあり，また大小様々な危機的状況が起こりうると考えられる。したがって長期的視野に立ち，どのような時期にどのようなライフイベントがあり，どのような危機にさらされうるのか，長期的視点に立ったプロセス研究が必要であるといえる。

　また Berry & Kim（1988）は，異文化適応を考える上で，文化変容態度のモデルを提示している。文化変容態度とは，個人の異文化と自文化に対する態度（肯定・否定）により，4類型に分けられる。具体的には，「自文

113

化のアイデンティティと特徴を維持することを重要と考えるか？」，「他の集団の人々との関係を維持することを重要と考えるか？」という二つの質問に，「はい」「いいえ」で答える。異文化にも自文化にも否定である場合には，「周辺化」，異文化に否定で自文化に肯定の場合には「分離」，異文化に肯定で自文化に否定の場合には「同化」，異文化，自文化ともに肯定の場合には「統合」に分類される（表8-1）。異文化適応や精神的健康においては，「統合」が最も理想的とされることがわかっている（井上，2001）。一方で，このモデルは、異文化と自分化に対する個人の態度、志向性を示しているものであり、実際に人々がどのように行動しているのかを示すものではない。実生活の中で、「統合」の態度、志向性というものがどのように表れてくるのかを明らかにすることは、異文化適応を支援する上で重要な視点である。例えば、個人が「統合」を志向していたとしても、実生活の中では様々な事情から達成が難しいことは十分に考えられる。異文化適応過程の中で、どのように「統合」が表れてくるかについて考察することで、より実態に即した支援の検討が可能になる。

　したがって本章では，長年日本で暮らす結婚移住女性の経験に着目し，ライフストーリーから異文化適応過程を示した上で、異文化適応過程におけるライフイベントと保護因子，「統合」が異文化適応過程の中でどのように表れてくるのかを明らかにすることを目的とする。

表 8-1　文化変容態度

		自文化のアイデンティティと特徴の維持を重要視	
		否定（いいえ）	肯定（はい）
他の集団（異文化）との関係維持を重視	否定（いいえ）	周辺化	分離
	肯定（はい）	同化	統合

第8章　結婚移住女性の異文化適応過程

第2節　方　法

1　研究協力者

　研究協力者は，日本滞在年数が概ね10年以上の日本語で面接可能な結婚移住女性とした。また異文化適応の臨床基準として，CES-D【うつ病（うつ状態）自己評価尺度】において16点より低く抑うつが疑われないことを条件とした。

　10名の研究協力者に半構造化面接を行い，条件を満たした9名を分析の対象とした。本研究で用いる複線径路等至性アプローチにおいて，1人では，個人の経験の深みを探ることができ，4±1人では，経験の多様性を描くことができ，9±2人では，径路の類型を把握することができるといわれる（荒川・安田・サトウ，2012）。

　本研究の協力者のプロフィールを表8-2に示す。AからFの研究協力者は，いずれも結婚以前に日本での滞在経験があり，日本での恋愛関係から

表8-2　研究協力者のプロフィール

研究協力者	出身国	在留資格	年齢	結婚年齢	滞在年数（日本以外）	結婚経緯	義父母との同居	職業	子
A	東アジアJ国	国籍取得	40	26	16（1）	就学→恋愛	なし	大学院生	有
B	東アジアJ国	国籍取得	53	33	28（3）	留学→恋愛	なし	非常勤	有
C	欧米K国	永住	35	26	13（1）	仕事→恋愛	別居→同居→別居	非常勤	有
D	南米L国	永住	53	30	20	研修→恋愛	なし	非常勤	無
E	東南アジアM国	永住	44	24	20	仕事→恋愛	別居→同居→他界	非常勤	有
F	東南アジアM国	永住	44	23	23	仕事→恋愛	同居→別居	自営業	有
G	東アジアJ国	国籍取得	35	24	9（2）	恋愛（母国）	なし	非常勤	無
H	東アジアN国	永住	33	23	10	紹介	同居	アルバイト	有
I	東アジアN国	永住	45	33	12	紹介	同居	なし	有

第Ⅱ部　実証研究

日本人の夫と結婚に至っていた。Gは，母国の大学で日本人の夫と出会い，結婚後来日した。HとIは，知人の紹介を通じて来日し，日本人男性と見合いをして結婚した。出身国は，東アジアのJ国，東アジアのN国，東南アジアのM国，欧米のK国，南米のL国の5ヶ国であった。滞在年数のうち，日本以外の国で暮らしていた年数を（ ）で示した。

2　調査および分析方法

　1対1の半構造化面接によりデータを収集し，TEA（Trajectory Equifinality Approach: 複線径路等至性アプローチ）のTEM（Trajectory Equifinality Model: 複線径路等至性モデル）によって分析を行った。安田（2015）によると，TEAは，時間の流れとシステムを捉えるという特徴を持った，過程と発生を捉える質的研究法として発展してきた。TEAもTEMも等至点（Equifinality Point: EFP）を主要概念とする。サトウ（2015）によると，この等至点という概念は，ベルタランフィによるシステム論の開放系（オープンシステム）は等至性を持つ，というテーゼに依拠しており，一つのゴール・目標に対して複数の異なる径路を想定しうる，ということを表している。この等至点にいたる複数径路を描く方法がTEMである（サトウ, 2015）。

3　本研究における等至点—異文化適応の定義

　本章の目的は，ライフイベントとの関連から結婚移住女性の異文化適応過程を明らかにすることである。したがって，本研究における等至点は，「異文化適応する」ということになる。

　異文化適応の定義や指標については，様々な議論があり，研究者間で一致していないとの指摘がある（高井, 1989）。留学生の異文化適応研究についてまとめた譚ら（2011）によると，異文化適応の定義には，適応を調和のとれた好ましい状態として捉えている静的なものと，適応を過程と捉える動的なものがあるが，いずれにせよ個人が新しい環境に自分を合わせていくという点で一致しているとする。そして，異文化適応の定義を「個人

116

第8章　結婚移住女性の異文化適応過程

が異文化で心身ともに概ね健康で，強度な緊張やストレスにさらされていない状態」としている。

　また鈴木（2012）によると，異文化適応とは，「個人が新しい環境（異文化やそのメンバー）との間に適切な関係を維持し，心理的な安定が保たれている状態，あるいはそのような状態を目指す過程」であるとされる。

　この「個人か新しい環境に合わせていく」，「個人が新しい環境との間に適切な関係を維持」するという点について，Berry & Kim（1988）の文化変容態度では「自文化」についての視点が取り入れられている。前述したように，異文化適応や精神的健康においては，異文化，自文化に対してともに肯定的な「統合」が最も理想的とされる（井上, 2001）。Berry & Kim（1988）に依拠すれば，異文化適応とは，異文化適応を個人が一方的に異文化社会に合わせるのではなく，自文化と異文化を統合していく過程と定義できる。

　また賽漢卓娜（2011）においては，価値観や文化を規定する準拠集団，準拠枠の変更として捉えられている。国際結婚では，当初ホスト社会の準拠枠と結婚移住女性の準拠枠が異なるため，衝突が起こる。しかしホスト社会側が準拠枠を緩めたり，結婚移住女性が日本人の家族や地域の日本人女性たちといった新しい準拠集団に属することによって，準拠枠を変更することで，解消されうるとしている。この新しい準拠集団に属するということは，居場所を得るということでもある。結婚移住女性たちは，全く関係性がなかった日本社会おいて，夫との夫婦関係，義父母や子どもとの家族関係，地域の人々との社会関係を作り，居場所を築いていく。新しい社会において，様々な人間関係を作り，居場所を築いていくことを異文化適応過程と捉えることができる。

　本研究では，上記の定義を踏まえ，異文化適応を静的には心身が健康であり，動的には異文化と自文化を統合しつつ，新しい社会において自らの居場所を築いていく過程と定義する。

　また本研究においては，等至点ではなく等至域という概念を使用する。

117

第Ⅱ部　実証研究

田垣（2009）は，障害受容を例に挙げ，障害受容には，完治の断念，障害の医学的理解，社会的に望ましいとされることに取り組むことなど多様な意味を持っており，点として図示された場合には，このような多様性がわかりづらくなると指摘する。社会科学の概念自体が多様性を持っていて，「点」によって表しにくい（田垣, 2009）。異文化適応も，心理的安定や自文化と異文化の統合，居場所の獲得など様々な意味を持っている。さらには，変化する状態として捉えられるものなので，「異文化適応に達した」というように点として捉えることは難しい。したがって本研究では，図の上部を適応域，下部を不適応域と設定し図示し，現在に至るまでのライフストーリーを描く。

4　TEM における用語と概念

　TEM に用いる用語と概念について，荒川・安田・サトウ（2012）より，表8-3 にまとめた。研究協力者が実際に選択した径路は実線で，選択しなかった径路は点線で描かれる。また図における横軸は，時間の経過として，縦軸は，下が両極化した等至域，上が等至域として使用する。

表8-3　TEM における用語

	概念	TEM 図での表記	意味
EFP	等至点 （本研究では等至域）		個々人が固有な経路をたどっても，時間経過の中で，等しく到達するポイント
P-EFP	両極化した等至点 （本研究では両極化した等至域）		等至点に対する理論的な補集合
BFP	分岐点		その人を等至点へと導く上で何からの迷い複線性が生じる点
SD	社会的方向付け		等至点から遠ざけようと働く力
SG	社会的ガイド		等至点へ至るように働く力
SPO	統合された個人的志向性		個人の内的な欲求や意志
OPP	必須通過点		多くの人がほぼ必然的に通らなければならない地点（制度的・習慣的・結果的）

第8章　結婚移住女性の異文化適応過程

5　手続き

調査期間は，2015年6月〜2016年6月であった。第6章で用いた質問紙にて研究への協力を募った。また協力者の紹介，個人的な知り合いを通じて依頼した。謝礼として，研究協力者には，図書カードを渡した。

面接は，すべての人に対して，一人につき3回行った。1回目の面接では，研究への同意を得た後，インタビューガイド（表8-4）をもとに，来日経緯から現在に至るまでのライフストーリーの聞き取りを行った。面接内容は，許可を得てICレコーダーに録音した。なお，面接はすべて日本語で行われた。

表8-4　インタビューガイド

質問項目
・年齢（現在，来日時，結婚時，出産時等）
・滞在年数
・職業
・来日経緯
・来日以前の日本の印象，来日直後の日本の印象
・結婚経緯（双方の親の反応，当時の心境）
・言葉の困難さ（日常生活に支障がなくなる時期）
・文化差について
・出産／育児／教育について
・社会参加について（仕事，地域活動等）
・友人について（日本，母国）
・家族について（日本，母国）
・将来展望

次に，録音から逐語録を作成した。意味のまとまりごとの要約をカードに書き起こした。出来上がったカードを時系列に並べ直し，出来事とその背景に分けて，TEM図を作成した。

2回目の面接では，作成したTEM図を用いて筆者が説明を行った後，協力者に順序や要約した項目に間違いがないか確認してもらいながら，さらなる聞き取りを行った。

3回目の面接では，2回目の面接をもとに修正したTEM図の確認を行った。

119

第Ⅱ部　実証研究

　以上の過程を通して，協力者一人一人の TEM 図を作成した。その後，協力者全員の TEM 図をもとに結婚移住女性の TEM 図を作成した。一人一人の TEM 図において共通する項目は，より抽象化した表現にしてまとめた。共通しない項目は，そのまま用いた。

6　倫理的配慮

　協力者には，調査同意説明文書を用いて，1. 研究目的，2. 研究計画，3. 研究方法，4. 研究による不利益，5. 個人情報の保護，6. 研究結果の公表および 7. 問い合わせ先について説明し，研究協力への同意文書に署名を得た。

　本研究計画は，東北大学大学院教育学研究科研究倫理審査委員会により承認を受けた（承認 ID:15-1-001）。

第 3 節　結果と考察

1　第Ⅰ期：来日から結婚まで

　来日から結婚までを結婚前期として，図 8-1 に示した。なお，第Ⅰ期は，結婚以前の出来事であり，研究協力者 A から F，結婚前滞日群のライフストーリーから作成されたものである。

① 初期の好印象

　来日直後の日本に対する第一印象は，その後の日本との関係に影響を与えていた。東アジア出身の A は，母国出国時，役人に非常に冷たくされたが，それとは正反対に，日本の入管が笑顔で迎えてくれたことが印象的で，友人に「どちらが母国かわからない」といった手紙を送ったほどだったという。また南米出身の日系人 D は，それまで日系人社会を通じて日本に対してあまりよい印象を抱いていなかったが，はじめて祖父の故郷を訪れた際，言いようのない懐かしさと親しみを覚えたという。来日以前の日本に対する印象は，国と国の歴史関係やその国の教育など母国文化の影

第 8 章　結婚移住女性の異文化適応過程

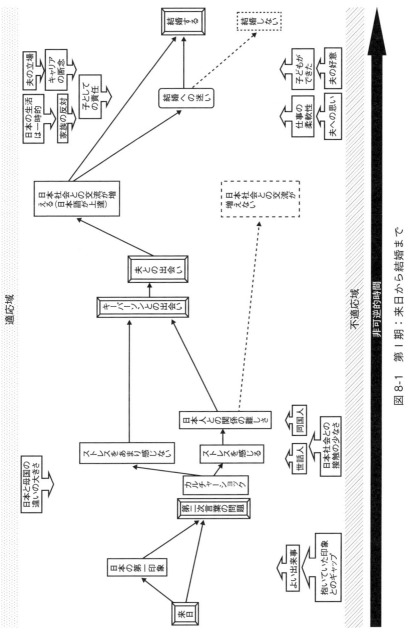

図 8-1　第 I 期：来日から結婚まで

第Ⅱ部　実証研究

響を受けている。来日以前に抱いていた印象と実際に体験した出来事の差が大きく，かつ好印象であるほど，その出来事はよい記憶として残る。このような来日当初の日本に対する好印象は，初頭効果[9]のように，その後の日本社会との関わりにおいて大きな意味を持つ。日本に対して好印象を持った場合には，日本語や日本の文化をより理解したいという動機を高めていた。

② 第一次言葉の問題とカルチャーショック

　次に，第一次言葉の問題にぶつかる。これは，外国語環境の中で，ほとんどの人が経験する問題である。初期段階では，誰しもが日本語を自由に扱えないこと，その不自由さにストレスを感じる。Aは，しゃべりたいけどしゃべれないことがストレスだったという。

　第一次言葉の問題とほぼ同時に，今まで暮らしてきた状況とはすべてが異なるというカルチャーショックを体験する。カルチャーショックを受けて，それをストレスと感じる人とあまりストレスと感じない人に分かれた。欧米出身のCは，「言葉が通じない。すべてが違う」ことで不安になり，そのストレスで体重が半年で10キログラム増えたという。一方でBは，大学と研究だけの生活を送っていたため，あまり社会接触がなくストレスを感じなかったという。Fは，就労目的で来日したので仕事で成果をあげることに専念しており，日本・日本人とのストレスというよりは，むしろ職場にいる同国人同士ストレスが強かったと語る。ストレスの感じ方の違いには，日本社会との接触の度合いや日本と母国との違いの大きさ、例えば食習慣から環境，文化に至るまでどれほど異なるかといったことが影響していると考えられる。

　その後，カルチャーショックを感じた人の多くは，特に日本人との関係の難しさを感じていた。Cは，日本社会のホンネとタテマエを理解するこ

9　第一印象がその後関係に影響を与えること（Asch, 1946）。

第8章　結婚移住女性の異文化適応過程

との難しさ，友人を作ることの難しさを語った。

　第一次言葉の問題を抱えたり，カルチャーショックを経験している時期には，生活上の様々な手続きを行ったり，言葉の手助けをしてくれるような面倒を見てくれる人の存在があった。それは，職場の同僚や留学生の世話をする人などである。また母国語を話せる同国人との交流も支えになっていた。

③ キーパーソンとの出会い

　異文化生活の初期に，現在まで交流が続いているような日本人キーパーソンとの出会いがみられた。Aは，大学で留学生を支援している日本人O氏に出会い，日本語学校やアルバイト終了後，O氏宅に通って日本語や日本の文化について勉強していた。Bは，奨学金をもらっていた団体で事務をしていた日本人G氏と個人的にも親しくなった。Bに子どもができてからは，子どもをG氏に会せたり，現在でも交流が続いている。Cは，たまたま通っていた歯医者の日本人H氏と親しくなり，H氏宅に日本語の勉強をしに行ったり，H氏を通じて地域の人と交流を持つようになっていった。このようなキーパーソンとの出会いを通じて，日本社会との交流が深まったり，日本語が上達していった。また夫がキーパソンとなる場合もあった。

　将来夫となる人は，情緒的サポートだけでなく，道具的サポートも提供する。Aは，心労で体調を崩したとき，交際相手が病院に連れていってくれたり，世話をしてくれたという。一人で日本という異文化社会に入ってきた結婚移住女性にとって，将来の夫となる人からの家族のような親密なサポートは重要であったといえる。

④ 結婚への迷いと決断

　夫との結婚を決断する際に，多くの協力者は迷いを感じていた。Cは日本での生活は，仮のもので，リアルなものに感じられなかったという。そ

123

こで，夫との関係を一度帰国して考えてみることにした。

「私母国に帰りたかったんです。ゆっくり考えたかったというか，ほん
と日本はほんといいかどうか，あのー，でやっぱり，つきあうことを，
なんというか，リアルライフじゃない気がしたんです。だから母国で，
母国に帰ったんです」

夫が長男であること，いずれは実家の農家を継ぐこと，自分の家族には
なかなか会えなくなることと夫への気持ちを天秤にかけ，自分の気持ちを
信じることにしたという。BとDにとって，日本人である夫と結婚する
ことは，自分のキャリアを一時的あるいは継続的に断念することを意味し
た。Dには，母国の両親の世話をしなければならないという責任もあっ
た。しかし仕事はどこでもできるが，夫はこの人しかいないと結婚に踏み
切った。Bは，親の反対もあったが，夫のBでなければ結婚しないとい
う堅い意志を受け結婚した。またEは，結婚時に夫が以前離婚していた
ことを知り，信用できないと思ったが，子どもができたこと，夫への思い
が強かったことから結婚に踏み切った。

2　第Ⅱ期：結婚から出産まで

結婚から出産までを第Ⅱ期とし，図8-2に示した。第Ⅱ期からは，研究
協力者AからFの結婚前滞日群に，結婚してはじめて来日した結婚来日
群，G，H，Ⅰのライフストーリーを加え作成した。

① 義父母との同居

結婚後の夫の両親との同居の有無は，その後の結婚・家庭生活に大きく
影響する。HやⅠのように同居を前提に結婚している場合もあるが，選択
できる場合もある。Dは結婚当初，義理の両親から同居を迫られたが，
はっきりと断ったという。初期の段階で，毅然とした態度を取ったことが
後の親戚関係にも影響を与えたのではないかと振り返る。

「結婚して，最初私，腹黒くしていたんだけど，これは無理だなと思っ

第 8 章　結婚移住女性の異文化適応過程

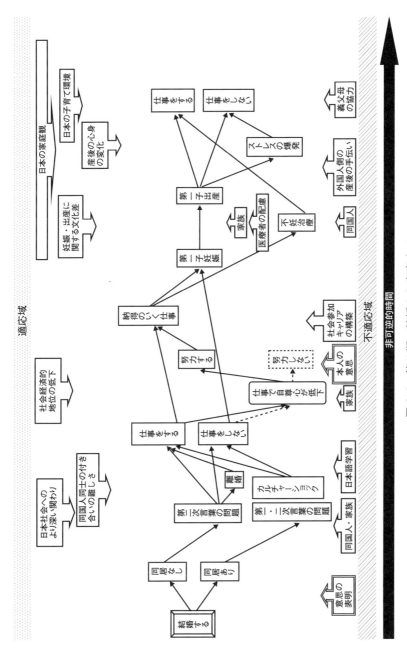

図 8-2　第 II 期：結婚から出産まで

第Ⅱ部　実証研究

て，1年目でもう自分を。だって結婚して3ヶ月で，すぐ一緒に住んで
くれないかって，次男なのに。私『絶対住まない，最悪だ』といった
の。（中略）でもどこにでもある話。でも私すごく恵まれているのは，
最初から，たぶん私ばーっと言っていたから，今は言わなくなった。
（中略）一緒に住んでほしいといったときに，『私絶対住まない』って。
お母さん『がーん』って。びっくりしたと思うのね。今は，良い関係に
結びついて，（中略）たまにお茶っこしたり，二人で」

② 第二次言葉の問題（結婚前滞日群）

　結婚前滞日群では，結婚後に再び言葉の問題が現れることがあった。こ
れを第二次言葉の問題とした。Cは日常生活に支障はなくとも，本当の気
持ちを伝えるのは難しかったと振り返る。

　「ほんとの気持ち伝えるとき，なかなかうまく伝わらないから，ただ昨
　日何をしましたかとか，何をしますかとかそういう会話はできるんです
　けど，ほんとの気持ち，なかなか伝わらなかった。言葉足りないから。
　日本語の言葉足りないので，それやっぱり，不安というか，うまく伝わ
　らない」

　Dもまた結婚後，夫が日本語に厳しかったことを振り返る。Dは，今振
り返ると夫は厳しかったが，同時に日本語教室の送り迎えなどを通して，
日本語習得を献身的にサポートしてくれたという。

　Fの場合には，仕事上使っていた日本語と日常の日本語が全く違うこと
を実感したという。なおFは，結局最初の日本人夫とは上手くいかなく
なり，離婚している。

　「普通の会話。日常の会話ができない。（中略）水商売の言葉，お店の言
　葉と普通の生活する（言葉）は違うんだよね。（中略）でも実際にこっち
　（結婚）生活すると，それが辛いんだよね。そのときは，すぐ勉強しに
　行ったの，日本語を，日本語勉強」

　仕事や留学を目的とした一時的な滞在から結婚という長期滞在に変わる

とき，周囲が彼女たちに求める日本語能力，そして本人が必要とする日本語能力もレベルが上がる。日常会話ができるだけでなく，より詳細で的確に自分の感情や考えを述べられる能力を必要とするのである。

③ 第一次・二次言葉の問題とカルチャーショック（結婚来日群）

また当然のことながら結婚来日群の場合には，このような第二次言葉の問題を日本語の課題としては経験するが，一次，二次と段階は分かれず，一気に経験することとなる。

このような言葉と文化のストレスを抱えている初期の段階では，第Ⅰ期同様，同国人からサポートを得ている。しかしながら同国人からサポートを得る一方で，マイナス面もある。Ⅰは，日本に来た当初，寂しくて同国人を求めたが，友人関係を築くには慎重にならなくてはいけないと言う。

「最初は，私みたいに，ひらがなも読めないで来た人は，母国語が言いたくなるじゃないですか。さっぱりわからないから。関係なく友だちになろうと思ったんだけれども，いろいろな人がいるんです。寂しくて，なんでも付き合えば，それは危ない。ちょっと考えて，自分と合う人と会わないと詐欺にあう（だまされる）」

仲介婚では，日本人との結婚に踏み切る様々な事情を抱えている場合がある。そのため，経済的問題があったり，一度離婚していて，母国での結婚が難しいのではないか，あるいは経済的上昇を求めて日本人と結婚したのではないかと結婚理由を詮索されるといったことが起こる。結婚理由に限らずとも，特に同国人の間では，詮索話や噂話が広まりやすく，そのため同国人と距離を置くケースは，少なからずみられる。Ⅰのケースは，来日当初の寂しさから，同国人を頼ったが，同国人同士の関係にもマイナスの側面があることを示している。

Ｇもまた同国人の友人関係の難しさについて語っている。

「同国人の友だち，やっぱりここ苦労するんだねとか，同じ立場で，どういう風にやればいいんだろうってことじゃなくて，今のところを否定

第Ⅱ部　実証研究

するのが大きかったんですよね。……でやっぱり，会うと母国語でしゃ
べるので，日本語のスキルもあがらないし……」

　同国人の友人とは異文化における困難な状況を共感しあえるが，ともす
ると困難な状況にばかり目が向いてしまうという。またGの場合には，
比較的若い年齢で結婚したことで，同国人とは年齢差があり，距離感が
あったことも語っている。同じ国の出身者でも，結婚経緯，年齢，社会階
層など様々な違いがあり，継続的な信頼関係を築くことは容易ではない。

④ 結婚後の仕事やキャリア

　結婚後の仕事については，仕事をする（継続含む）場合としない場合に
分かれた。結婚後，仕事を辞めたAは，「これまで一生懸命に働いてきた
ので，もういいかな」と思い，専業主婦になったという。Gは来日後，日
本語も不自由なまま飲食店のアルバイトを始めたという。はじめは，夫の
職が不安定で生活を安定させたいと思いアルバイトを始めたが，次第に母
国との仕事のギャップに情けなさを感じてきたという。母国では，公的な
職場で正職員として働き，経済的にも余裕があり，周囲からは接待を受け
るような立場にあったという。

　「自分では，私はすごい仕事してた，仕事人間だとそのときは（母国にい
　たときは），自分で勝手に思っていて，で，日本で，キッチン，厨房で
　働いたときに，自分が情けなくてしょうがなかったんですね。（中略）
　自分の実家，家族にも言えなかったです。日本でアルバイト生活して
　るって。でも辛くてしょうがなかったんです。その上に言葉もあんまり
　わからなかったんですね。3ヶ月目か，4ヶ月目の時に自殺しようかと
　思ったんですよ。（中略）自分が情けなくて」

　このような感情を爆発させたとき，夫がGを支えてくれて自殺を思い
とどまった。しかしその後も，悶々として暮らしていたが，ある時，日本
の大学入学を目指して勉強を始めた。

　「日本に来てアルバイト1年半やったかな。で，このまま続いたら，私

一生アルバイト生活をすることになるんだと思って。それから日本の高
校で使う教科書を買ってきて，自分で勉強し始めたんですね」

Ｇは，日本語教室や日本語学校に通ったことは一度もなかったが，生活
の中で日常的な日本語を学習していた。当時大学入学を目指したのは，日
本での学歴がないから，希望する職に就けないと思っていたからだとい
う。退職して時間のある義父に教わりながら，高校の教科書を使って勉強
したという。最終的に，母国で大学を卒業しているのであれば，大学院入
学すればよいということになり，日本の大学院に入学した。大学院に行く
ようになると，それまで家族だけだった社会関係も広がり，語学力を活か
した仕事の依頼が入るようになり，Ｇは次第に自信を取り戻していった。
社会参加や語学を活かしたキャリアの構築を通して，来日により断絶され
てしまったソーシャルネットワークや低下した社会経済的地位を再構築し
ていったといえる。今は大学院を修了し，語学関係の仕事をしながら，資
格取得を目指している。Ｇのような，移住に伴う社会的・経済的地位の低
下は，精神保健の危険因子となりうる。

⑤ 妊娠・出産

結婚後の大きなライフイベントとして，妊娠，出産がある。ここでは，
第一子の妊娠・出産に着目し，第二子以降は省略した。妊娠や出産は，外
国人女性にとってストレスフルなイベントであることが指摘されている
（橋爪他，2003; 石他，2004; 藤原・堀内，2007）。妊娠中の病院での丁寧な対応，
日本語に不慣れなときに，日本人家族が検診に付き添う，産後親族が手伝
いに来てくれたことなどがサポート因として語られた。Ｉは，日本語もわ
からず，運転もできなかったため，姑がいつも検診についてきてくれたと
いう。Ａは，妊娠中毒で２度入院した。外国人だからより丁寧な扱いを
受けたのではないかと振り返る。Ｅは，夫も支えてくれたが，仕事などで
忙しく，病院などの対応が助けになったという。

またＡ，Ｂ，Ｈの場合，産後に親戚が手伝いに来た。Ｅは，母国ではメ

イドを雇うのが一般的だが，日本ではできなかった。自分はたまたま産後
の状態が非常によかったので，困らなかったと振り返る。産後，妊婦がど
のように過ごすかは，文化によって異なる。中国や東南アジアでは，メイ
ドを雇って家事をしてもらい，産婦は休養するのが一般的であるが，欧米
では，1〜2日で退院することも多い（ノーラ，2005）。妊娠・出産に関す
る文化が大きく異なるため（松岡・小浜，2011），ストレスへのリスクが高
まることに留意しなければならない。

　Hは，産後母国の母親手伝いに来たが，実母が帰国後，感情が爆発した
という。

　「それから，爆発したんですよ。なんで私，ここにいるのって，なんで私
　は結婚してここにいるのって，自分で結婚すると決めたこと（なのに），
　責任を全く，全部母のせいにして，（中略）（お母さんが）なんでもっと反
　対しなかったとか，なんでもう準備も何もなっていないのにお母さんに
　なってとか，もうあのときに爆発したんですね。もう一年過ぎてから」

　何もわからず，日本に合わせてきて，本当の自分はこれではないという
思いが出てきた。しかし，日本人の家族には当たれない，日本人側に原因
があったわけではないので，実母に当たったという。またHには少なか
らず，母を責める理由もあった。

　「でもこっちの義理のお父さん，お母さんには何も言えないじゃないです
　か，主人にも言えないし，それを全部母に。（中略）あっちが悪いわけ
　じゃなかったので，原因がこっちじゃないですか。自分自身に原因が
　あって，（中略）自分が今まで慣れていたところと全く違うところに自分
　が来ていることが，たぶんここまで詰まっていたと思いますね。その詰
　まっていた原因が主人とか義理の両親ではないので，日本に行くんだよ
　と勧めたのが母で，勧めたというか，まぁ，あるんだよねって，紹介して
　くれたのが母であって，それで言えるのが母しかいなかったから，そうい
　う母に対して，爆発したところもあったんですよね」

　Hの母は，反論することもなく，「悪かったね」と受け止めてくれたこ

とで，感情は落ち着いたという。産後は，ホルモンの変化，生活環境の変化により，感情が不安定になることがある。このような不安定な状況があることを知り，支えることが必要であるといえる。

Dには子どもがいない。Dは不妊治療をしていたが，最終的に子どもを授かることはなかった。Dは不妊治療を続ける中で，不妊治療をタブー視する日本の雰囲気が辛かったと語る。

「日本でのこういった病気に関する，（中略）あのーちょっとタブーだったみたいね。（中略），日本人の友だち同士でも話せない雰囲気が……。結構外国では，普通に誰にでも，知らない人でも『実は私不妊治療しているわ』って。誰も隠さない。（中略）それが気楽に，ある面で，なるのね。なります。（中略）待合室の，不妊治療者たちの，ほんとにもう，じっと，みんなひとりで抱えているみたいな感じで。だから，タブーだったから，それが私非常に良くなかったと思うし，（中略）私，それが辛かった。真剣なんだけど，なんていう，待合室で友だちもできなかったし，同じ問題抱えている。（中略）その雰囲気，すごい私嫌だった」

Dは，気軽に話題にできない日本社会と違い，不妊治療の大変さを同国人友人には話せており，とても支えになったという。

⑥ 産後の仕事復帰

出産後，Cは仕事に復帰した。Cの場合，産後，義父母の協力が得られたことで以前の仕事に復帰した。一方，Aは結婚を機に専業主婦になり，しばらく子育てに専念した。Bは，結婚を決意すると同時に仕事を断念することを覚悟していた。母国では，結婚していても別居して，それぞれの仕事を追求することはありうることだったが，日本では難しいと断念した。また結婚時の年齢が遅かったため，子どもを産むことを優先したとも述べている。当時は，子育てと仕事を両立できる環境にはなく，結果的に仕事を断念し子育てに専念することになった。

第Ⅱ部　実証研究

3　第Ⅲ期：産後から仕事・キャリア形成に注力するまで

　産後から子育てが落ち着き，仕事やキャリア形成に注力するまでを第Ⅲ期とし，図8-3に示した。第Ⅲ期は，出産あるいは不妊治療を経験していないGを除く，8名のライフストーリーから作成した。

　出産後，Cは経済的な理由から義父母と同居を始めた。Fは日本人との結婚に一度失敗したことから，シングルマザーとして子どもを育てる決意をしていた。しかし現在の夫の実家に呼び寄せられ，義父母と同居することになった。Fは第二子の誕生後，夫と籍を入れた。

① 日本人母親との交流

　産後の子育ての中で，地域や保育園，幼稚園を通して，日本人の母親たちとの交流が増えてくる。Hは，産後はじめて日本人の友だちができた。

> 「子どもが産まれてから，ママ友というか，友だちもできたんですよね。今までは，N国の友だち，N人，Y県に来ているN人とのつながりしかなかったんですけど，子ども産まれてからは，近所のお母さんとの付き合いが深くなってきて」

　日本人の友だちができたことで，日本語も上達した。その友だちとは，友だちが引っ越してしまった今でも交流を続けている。

　Bは，子どもが通う幼稚園のママコーラスに参加し，交流を持ったという。子どもがいることで，活動の場が広がり，子どもという共通点があることで母親同士の交流がうまれる。Dは振り返って，母親付き合いは「子どものためにしていたというところもあった」と語る。

　母親付き合いをすることによって，知らなかった日本の幼稚園の状況や地域の情報などを知ることができる。日本の教育を自ら経験していない外国人の母親にとって，日本人の母親との付き合いは，日本の子育てについて様々な知識を得る場となる。川崎・麻原（2012）も指摘するように日本の母親をモデルとしてモデリングが行われている。

132

第 8 章　結婚移住女性の異文化適応過程

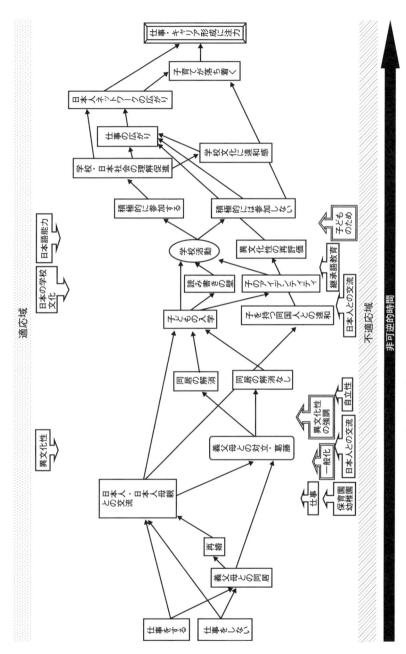

図 8-3　第Ⅲ期：産後から仕事・キャリア形成に注力する

第Ⅱ部　実証研究

また親同士が交流することで，子ども同士の関係をより円滑にするという効果もある。

Fの場合も仕事や保育園を通して，日本人の友人ができていったという。仕事をすることで日本語が上達し，保育園では，保護者行事などを通じて，日本人母親との交流が増えていった。そのとき，友人になった人とは今でも交流があり，悩んだ時には，助けになる存在だったという。

② 義父母との葛藤

義父母との同居での葛藤や対立は，子ども，義父母にとっての孫の誕生と共により鮮明になっていく。Iの場合，子育て観の違いから葛藤が生じた。

「最初は，ありがたかったんですけど，子ども産む前はそうだったんですけども，子ども産んでからはトラブル。日本と母国，子育ての考え方違うから，文化の違い」

Iは，10年以上前に来日した外国人の母親が日本語ができないことで，子どもの学校行事や面談，子どもの教育に参加できないことを目の当たりにした。日本語ができないと，自分で子どもに教育ができないという危機感を感じ，Iは必死で日本語を勉強し始めたという。今では，運転免許も取得し，子どもの学校行事にも自ら参加している。日本語を習得したことで，人に頼らず自らできることが格段に広がった。自立性が上がったことで，自由に行動でき，子どもの教育にも自分の意見を反映させることができるようになった。Iは様々な場面で，葛藤や対立を感じながらも，義父母と同居を続けている。

Fも子どものしつけや教育をめぐって，義父母と対立した。義母は対立すると，Fが外国人であること，日本の文化を知らないことを持ち出し，Fは釈然としないながらも閉口するしかなかった。このような義母との対立を，仕事場で知り合った日本人に話すことで，ストレスが緩和されたという。また，義母との対立の原因を外国人であることに帰属せず問題を一般化することで，心理的安定を保つ側面もみられた。

134

「うちのばあちゃん違うもん。『あー，ママが悪いね』って。小さいとき
からずっと言ってるの。それがちょっと辛かったね。それはM国の考え
方とか日本人の考え方とかじゃないと思うね。ただ私は，ばあちゃん私
気に入らないから，こうやっている感じ，しか思わないんですよね」

　義母は，Fが外国人であるから，Fのやり方がすべて悪いと全否定する
ことにFは憤慨している。そして教育に対する文化的違いから衝突が生
じているのではなく，義母のF個人に対する感情から衝突が起きている
と解釈している。またこのような嫁姑の対立が異文化によって起こるので
はなく，日本人同士でも起こりうることだということを日本人の友人に相
談することによって確認している。

「日本人のおばちゃん『こうなんだよ』って。やっぱり，比べられるじゃ
ないですか。私がM人だからこうじゃなくて，（中略）やっぱり聞くと
日本人もM人も同じなんだって。あの，姑だってだいたいみな同じなん
だって。でもやっぱりM人同士だと，『あー私やっぱりM人だから……』
もう落ち込むのよ。同じM人と話すると，でも日本人だったら，あー日
本人も同じなんだと思って。やっぱり気持ち違うじゃん。ただM人だけ
だと『あー，私M人だから……』どんどんどん気持ち，へこむんだよね。
〈同じ国だからわかってもらえるじゃなくて，へこむ？〉なんていうか，
あのー，M人だからみんな下に見るから，見下しているみたい，という
気持ちがあるのね。うちら。M人ってもう，結構水商売やってるじゃな
い。それだけで，もう違う。（中略）M人と日本人同じなんだなと，すご
く助かるのね。（中略）私M人だからこうされたんじゃなくて，嫁だから
こうなんだよねって」

　Fは，職業によってM人は日本人に見下されていると普段から感じて
いる。義母の言うように，自分がM人であるから義母に責められるのだ
と考えると，余計に気持ちが落ち込んでしまうという。外国人に限らず，
嫁姑問題は起こりうることであると問題を一般化して考えることによっ
て，心理的に落ち込むことを回避している。

第Ⅱ部　実証研究

　Hも同様に，子育てや嫁姑の問題について一般化をしている。

　「そのあとに落ち込むとかは，けっこう波はあるんですよね。今日は悲し
　いとか，なんでとかはあるんですよね。それは日本にきてからではなく，
　日本に住んだからではなく，N国で結婚してN国で子育てしても同じこ
　とだと思うんですよね。〈そう思えるのは？〉やっぱり，姑とのトラブル
　は，N国でもあることだし，嫁が外国人だからではなく，日本人の嫁で
　もあることだから，それは日本が悪いとか，ではないと思うんですよね。
　自分がアメリカに嫁にいってもトラブルはあると思うし」

　Cの場合は，最終的に義父母と別居することを選択した。Cは，同居前
はよい関係だったが，同居後，Cが家庭内で自由に裁量を振るうことが難
しくなったことで葛藤が生じた。姑に対する遠慮もあったが，ついはっき
りと物事を言ってしまい傷つけてしまったと反省する。

　「やっぱり，日本の，K国だったら多分全然悪いと思わない。でも日本だ
　から，やっぱり日本のやり方，知ってるので，ほんとに反省して……」

　また姑との関係だけでなく，夫との関係も悪化したという。最終的に，
敷地内に新居を建て別居した。

　「もし私が，同居でもOKだったら，家建てないと思います。だからそ
　れもちょっと悪いなーと。たまに思ちゃうんですけど，（中略）あと
　多分おばあちゃんも私が，もし，ずっと同居したいと言ったら，おばあ
　ちゃんもいいよ，OKと大歓迎と思うんですけど，おばあちゃんにとっ
　ても（別居したことは）多分楽になった」

　この地域では，二世帯が同居するケースが多く，Cは自分が外国人だか
らこそ，別居できたのではないか，でもそれは姑にとってもよかったので
はないかと振り返った。嫁姑問題は，日本人同士でも起こる問題である。
Cの場合には，はっきりと物事を言ってしまうという異文化性によって，
問題が生じていた。しかし同時に，その異文化性を強調することによって
解決されたともいえる。つまり異文化性の強調によって，Cは同居の拒否
を表明することができ，おそらく周囲は外国人だから仕方ないという妥協

136

ができたのである。

　異文化性の強調は，Cが納得する理由にもなる。地域の行事にプライベートを犠牲にして参加しなければならないこの地域の慣習に対して，Cは次のように語っている。

　「スポーツ大会同じ日に，『習い事があったよ』とか（地域のお嫁さんに言ったら）。『習い事駄目だよ』『そうだよ』と言われて，『なるほど』と。やっぱり，それはすごい，日本の文化か，田舎の文化か，やっぱり，それぜったいK国はしないと思います。出たかったら出る。でも別の用事あれば用事にいく。しょうがない。その言葉あんまり好きじゃないけど，やっぱり使っちゃうんです。しょうがない」

　ここで異文化性の強調は，「しょうがない」と自分を納得させる『あきらめの装置』として働いている。

③ 日本の学校文化との遭遇

　子どもが小学校に上がると，学校からの便りを読んだり，連絡帳を書いたり，PTAなどの学校行事に参加することなどが求められる。日本の学校文化を自らが体験していない結婚移住女性は，子どもの学校生活を通して，はじめて日本の学校文化を知ることとなる。

　Eは，夫は忙しく，家のことは妻にすべて任せるタイプだったので，学校からの文書は辞書を引きながら読んだという。Fも漢字で書かれる学校からの文書や学校についてわからないことは，仲良くなった日本人の母親に聞いていたという。

　これまでは，聞く，話すができれば日常生活に支障はなかったものの，子どもが学校に上がることで，読み書きの能力が求められることとなる。

　また日本の学校に入学したならば，当然のことながら歴史認識や領土・領海について，日本の教育を受けることになる。Hは，子どもが日本人として教育を受けることを目の当たりにすることで，結婚移住女性たちの母国の文化や言葉も伝えようという気持ちを強くした。

137

第Ⅱ部　実証研究

「子どもが今からそれ習うんだって。いうところで，私はそれをどういう風に教えれば良いんだろうって。いうのが。小学校に入ったときだったんですよ。それでもっと，じゃあ，一応N語教えておいた方が，バイリンガルとしてもいいし，（中略）3年前からN語教室に通うようになったし，うちの子みたいな子が結構いるんですよね。お母さんがN人で，国際結婚して，滞在している子が，うちの子だけじゃなく，結構他にもいることを子どもに教えたかった」

　子どもが学齢期になると，結婚移住女性たちは自分のせいで，母親が外国人であることで，子どもがイジメを受けるのではと心配することもある。特に，日本との関係が悪化している国への負のイメージはマスメディアによって増幅される。日本人の親が自分に対して抱く感情は，日本人の子どもが自分の子どもに対して抱く感情にも影響する，つまり親の関係が子どもに影響すると，Ⅰは積極的に子どもの学校行事に参加したという。

「私の場合は，子の幼稚園の同級生のお母さんとちょっと親しくなって，手伝ってくれて，学校の中ではいじめられることなく，お母さんの付き合いも結構大変ですよ。（中略）だいぶ役員を何回もやっていて，学校でもみんな知っているお母さんだったので，付き合えば，私に誰も言う人はいない」

　一方でEは，日本語に自信がなかったため，PTAにはあまり参加しなかった。今振り返ると，参加して日本人の母親たちと交流すれば良かったと後悔する。PTAや学校行事を通して，日本の学校文化や日本人の母親との交流関係を広げられる一方で，多くの場合結婚移住女性側が日本の学校文化，日本の教育に合わせるよう適応を迫られる場面でもある。そこでは，良くも悪くも「子どものため」という思いが彼女たちを支えている。

　AはPTAの役員を通して，学校活動において「日本のやり方」を振りかざされることに抵抗を感じた。異文化出身者が日本の文化に合わせることが当然だという態度にAは憤りを感じた。Aは夫や教育が専門である日本人の友人に，トラブルとなった日本人母親が言っていることは本当に

138

日本の文化なのか，常識なのかを確認しながら対応し，結果的にはPTA役員を継続しないという結論に至った。

これまで示してきたように，結婚移住女性は，子どもを通した学校との関わりから，日本語が上達したり，日本人とのネットワーク，交流を拡大させていた。

④ 仕事をすることの効果

学校との関わりだけでなく，仕事も日本人との交流を促進させる。日本社会において，仕事を得るということは自尊心をも高めることにつながっていた。

Aは，子育てをする中，日本の学校に転校してきた母国の子どもをサポートするボランティアを経験した。その経験を通じて，「自分の人間としての価値」を考え直したという。

「だんだん子どもが大きくなる一方で，自分のむなしさが出てきたんですよ。たぶんある程度，1歳から6歳までずっと子ども中心，いろいろやることあるじゃないですか，（中略）そしたら後で自分の人間としては，後はどうするって考え始めた。（中略）やはり自分の人間としての価値が出てきたというか，やっぱり何か，仕事すると，ぱっと明るくなるね」

Aはこのボランティアの経験から教育に関心を持ち，大学院で学ぶようになった。

Iは，外国人であるがゆえに仕事が見つからないという非常に悔しい思いをしたことで，介護の資格を必死で勉強し取得した。資格取得後，仕事に就いたことで，自由に使えるお金が増え，義母との関係にも変化があったという。

「自分の自由なお金。（中略）私が働いたらお母さんとの関係が変わった。プレゼントしたりとか，ごちそうしてあげたりとか。うちのお姑さん前は，働いてないうちに（働いていないときに）車運転して，外に出る

139

第Ⅱ部　実証研究

と，『息子のお金使うばかりで』（と言っていた）」

Ⅰは仕事を得たことで，自尊心を回復しただけでなく，自分で自由に使うことができるお金を持つことができた。

子どもを持たなかったＤは，子どもを持つ同国人たちと次第にズレが生じるようになり，距離を置くようになったと語る。

「だんだん，年数が，日本に住む年数が長くなると，彼女たちはやっぱり日本人の子どもいるから，私の考えと，（中略）彼女たちは違うんです。その彼女たちの生活の仕方，子どもいるからやっぱり，過ごし方，やっぱり子どもいるから必死ですよ。子どもいるってことは。だから，それ私は，言うこともないけど，私から見れば私自分で，ちょっとなんか，ズレ。これは，ちょっと違う。私そこまで日本人にならなくていいんじゃないかって，いうところ，ちょっと出てきて……」

同国の友人たちが，子どもと日本語で話し，日本社会に同化していくようにみえる一方で，Ｄは自分が外国人であることをより強く意識するようになる。そして語学力を活かした仕事をしながら，自分の“外国性”を活かしながら日本で生きていくことを選択する。子どもがいないからこそ，時間にも経済的にもゆとりがあり，好きなときに母国に帰ることや仕事に専念することができたという。仕事のつながりで，日本人との交流関係も広がっていき，同国人に留まらないネットワークを持つことができた。このことがＤ自身の異文化性の再評価につながった。

「外国人として生きるのは，この前，Ｌ語教え始めたじゃないですか，そのとき日本人の友だちいっぱい作ったじゃないですか。だから自分は日本人にならなくてもいい。自分は自分。自分は自分なりに生きていけばいいから，逆に日本人の友だちから教えてもらったと思う。このＬ人だけでいれば，たぶん私日本人にならないといけない，ならないといけない，っていう気持ちあったかもしれないね」

同国人の間では，異文化性は意味を持たないが，日本人との交流によって異文化性の価値が見いだされ，その価値をＣ自身も認めるようになった。

140

子育てに専念していたＡ，Ｂ，Ｅは，子育てが落ち着いてくると，次第に仕事やキャリア形成にも注力するようになった。

4　第Ⅳ期：仕事・キャリア形成に注力するから老後を考えるまで

仕事・キャリア形成に注力するから将来（老後）を考え始めるまでを第Ⅳ期とし，図8-4に示した。第Ⅳ期は，出産あるいは不妊治療を経験していないＧ，まだ子育てが落ち着いていないＣ，Ｈ，Ｉを除く，5名のライフストーリーから作成した。

① 社会活動の広がり

Ａはボランティアの経験を機に，日本の大学院で学ぶようになった。夫が突然病気で倒れたことをきっかけに，日本で自立することが大切だと実感したという。

Ｂは，同国人の友人と母語の継承語教室を開くようになった。子どもに自分の母語を教えたいというよりは，子どもの教育戦略の一つとして母語を教え始めた。今では，自分の子どもは継承語教室に通っていないが，講師として活動を続けている。震災の際には，母国の政府からの要請を受けて，同国人支援のために尽力した。その後も同国人同士の自助組織を作るなどの活動を行っている。Ｂは，自身の活動や仕事について，「自分が必要とされていることに充実感を感じた」と語り，それらがたまたま母国と関連のあることだったという。

Ｅは，夫の意向もあり，介護と子育てを抱え，ずっと家庭のことが中心で，外で働くことはなかったが，子育てが落ち着いた頃，外の世界と交流したいと夫に申し出た。「これまでパートもしないで，家庭だけを守ったんです。15年間。そろそろ私も外にでても良いんじゃないの。そろそろ私もパートしたいとか。いろんな外と知り合いたいとか，交流もしたい。ということをうちの主人に言いましたけども，すぐに返事もらわなくて……」。そのときの自身の精神状態をＥは病気になりそうだったという。

第Ⅱ部　実証研究

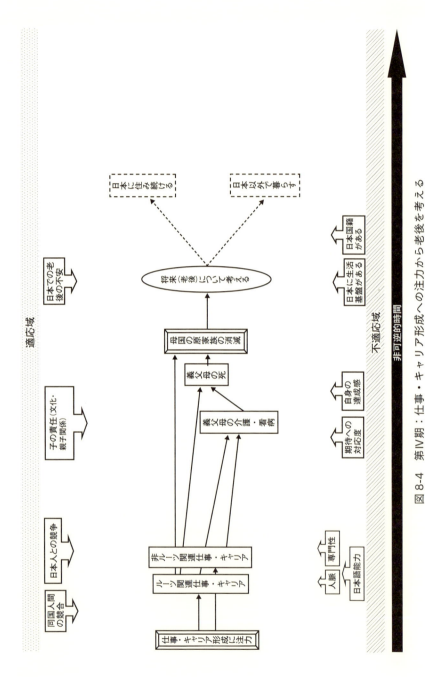

図 8-4　第Ⅳ期：仕事・キャリア形成への注力から老後を考える

夫からはっきりとした返事はもらえなかったが，押し切る形で，少しずつ
外で働くようになった。働き始めて，いろんな人と知り合い，いろんな知
識を得る中で，自分が強くなっていくのを感じ，「今の仕事が楽しくて
しょうがない」という。

　仕事やキャリア形成の選択に際して，自身のルーツに関連する仕事や
キャリアを選択する場合とそうでない場合がみられた。日本社会で，自身
のルーツと関連のある仕事に就こうするなら，第一に日本語能力が求めら
れる。国や地域によっては，滞日人数が多いため語学力を活かした仕事を
巡って競合が起こる。さらに日本語能力だけでなく，そのような仕事を回
してもらえる人脈と信用がなければそのような仕事に就くことは容易では
ない。しかし自身のルーツに関連する仕事は，アイデンティティを充足し
たり，自己肯定感を与えてくれる。Bが「自分が必要とされていることに
充実感を感じた」と語るように，自身のルーツに関わる仕事はまさに自分
にしかできない仕事であり，自分の存在意義を浮き立たせる。Dの場合
も，仕事を通じて異文化性を再評価できたことが，自分は外国人のままで
生きるというアイデンティティの充足につながっていた。

　一方，自身のルーツに関連のない仕事の場合，日本語のコミュケーショ
ン力がそれほど求められない工場労働などは，比較的就業しやすいが賃金
も安い。しかしより条件の良い職業に就くためには，専門知識や日本語能
力が求められ，日本人との競争にも勝ち抜かなければならない。Iは、は
じめハローワークで仕事を探そうとしたが、なかなか見つからず、専門的
な資格を取得することで就職することができたと語っている。

② 実親の介護・看病

　日本に長く滞在していると，母国にいる実父母の介護や看病，死といっ
た問題に直面する。近くで，看てあげられないことで，不安や心配が募
る。実質的な世話をきょうだいに任せて，経済的な面で支援しているケー
スもみられた。

第Ⅱ部　実証研究

　Fは，病気になった実父の薬代を仕送りしている。Dは，父を病気で亡くした後，母も病気で亡くした。しかしきょうだいの死を見とどけなかったことを後悔している友人と比較して，自分はできることを精一杯やったことで，後悔はないと語る。

　「親と離れて，私一切なんにも後悔してない。病気になった父親に全部お金送ったし，何もできなかったから，仕事してお金送り，何回も年に一回でも行ったし……（中略）。ちゃんと母親，『あんた偉い』って言われて。うちの母亡くなる前に，もう足歩かなくても，飛行機で，莫大なお金うち払ったけど，連れてきて，私の生活見せたのね」

　両親の看護や介護に関して，どれくらい子どもに責任が課されるか，あるいは自分の責任と感じるかは，文化や親子の関係性によって異なる。

　主に儒教思想が根強く残る韓国や「尊老・愛老」の伝統がある中国では，子どもが老後の親の面倒を見ることは当然のこととされている（李, 2002; 尹, 2002）。一方，欧米における親との同居率は1割前後[10]であり，歴史的には教会や政府が貧困者対策の枠組みで，高齢者対策を担ってきた（伊奈川, 2002）。フィリピンでは，親，きょうだい，きょうだい家族といった拡大家族的絆が強く，その関係は国境を越え，親のみならず，きょうだいへの送金も盛んである（佐竹・ダアノイ, 2006）。インドネシアでも子どもが親に仕送りをすることは当たり前とされている（吉田, 2010）。このような親の扶養に対する文化的規定が子の責任や責任の感じ方に影響を与える。

　また個々の親子の関係性も子の責任，責任の感じ方に影響する。

　Aの両親は，Aが幼い頃，離婚した。Aは父方に育てられたが，父はその後再婚し，Aと父親の関係は，あまり良くなかった。父が病気でなくなる前に，日本について様々な話をして，関係は多少改善されたが，父の死を見とどけることはなかった。

　Aの場合は，実父との関係性が希薄であったため，看護や介護の問題

10　日本における同居の割合は，35.7%（総務省統計局, 2012）。

が発生することはなかった。

このように親の介護や看護に対する子の責任は文化，あるいは関係の親密さによって影響を受ける。

③ 原家族の消滅と母国との関係の捉え直し

結婚移住女性たちは，時間の経過にともなって，両親の他界やきょうだいの移動によって，母国の自分が生まれ育った原家族の消滅を経験する。

Bの場合，きょうだいも海外に移住し，母国には両親だけが暮らしていた。両親の他界した後，母国への思いはそれほど強くなくなったという。なぜなら，両親が亡くなり，実家，帰る場所がなくなったからだという。

Eの場合，母親は健在であるが，姉とともに海外に移住してしまい，Eの母国にはいない。

このような過程を経て，彼女たちは自分の将来や老後について考えるようになる。日本で外国人として暮らし続けた場合，夫が死んだ後はどうなるのか，もし年を取ったときに，日本語がわからなくなったり，日本の食べ物を受けつけなくなるのではないかといった日本で老後を迎えることに不安を抱える一方で，母国に帰ったとしても生活基盤がないという問題もある。日本国籍を持っていることは，夫の死後も日本人と同じような最低限の福祉制度は保障されるという安心感を与えてくれる。人生の後半を迎え，自分の半生を振り返りながら，何をして今後過ごしていくのか，どこで老後を過ごすのか，どこに骨を埋めるのか，といったことを考え始める。

このような迷いを経て，彼女たちが日本に住み続けるのか，あるは母国や第三国を選ぶのかは，まだわからないが今後の彼女たちの人生を追っていくことで明らかになるだろう。

第4節　全体考察

結婚移住女性の異文化適応過程を，大きく四つに分けて検討した。それぞれの段階におけるライフイベントと保護因子を表8-5にまとめた。ライフ

第Ⅱ部　実証研究

イベントは，保護因子が働かない場合には危険因子や別のライフコースを送ることになりうるが，保護因子が適切に働いた場合には，異文化適応を促進する。本節では，それぞれの段階のライフイベントと保護因子について考察した後，異文化である日本文化と自文化の統合の視点から検討を行う。

表8-5　ライフイベントと保護因子

段階	ライフイベント	保護因子
第Ⅰ期	日本の第一印象	よい出来事 / ギャップ
	第一次言葉の問題 カルチャーショック	形式的世話人 同国人 日本社会との接触の少なさ
	キーパーソンとの出会い	キーパーソンとの出会いがあること
	結婚の迷いと決断	夫への思い / 夫の好意 / 子どもができる / 仕事の柔軟性
第Ⅱ期	義父母との同居の有無	意思の表明
	第二次言葉の問題	日本語学習 / 日本人家族
	〈結婚来日群の場合〉 ・第一，二次言葉の問題 ・カルチャーショック	日本語学習 / 日本人家族 / 同国人
	・社会経済的地位の低下	本人の意志 / 日本人家族 / 社会参加・キャリアの構築
	妊娠（不妊）/ 出産	日本人家族 / 異文化への配慮 / 母国からの援助 / 同国人
	仕事復帰	義父母の協力
第Ⅲ期	母親になる	日本人母親とのつながり
	義父母との葛藤	友人（日本人・同国人）/ 別居 / 自立 内的リソース（一般化と強調）
	学校文化との遭遇 ・読み書き能力 ・PTA活動	日本語能力 / 日本人母親をモデリング / 母親ネットワークの形成 / 子どものためという思い
	・子どもの教育	継承語教育 / 同国人
	仕事	社会関係資本
第Ⅳ期	仕事・キャリアの本格化	日本語能力 / 人脈 / 専門性
	実父母の介護・看護・死去	文化・家族による期待への対応度 / 自分自身の達成感
	母国での原家族の消滅	生活の基盤が日本にある
	母国・日本との関係の捉えなおし	日本国籍がある

1 ライフイベントと保護因子

　第Ⅰ期は，来日から結婚までである。初期の言葉の問題やいわゆるカル

チャーショックを経験し困難を感じながらも，次第にキーパーソンや夫との出会いを通して適応していく過程である。来日目的に応じた領域での適応がメインであり，日本社会との接触も限定的である。

日本の第一印象が好印象である場合には，その後の日本語学習意欲や日本文化理解につながっていた。またそれ以前に抱いていた負のイメージとのギャップが大きいほど，強く印象付けられていた。

第一次言葉の問題を抱えたり，カルチャーショックを受けている段階においては，手続きを手伝ったり，異文化での生活が円滑にいくよう面倒を見てくれる世話人，あるいは同じ母語で話せる同国人の存在が重要である。この段階では，心理的なつながりよりも，最低限，生活上の支障を取り除くための道具的サポートを提供してくれる人の存在が必要である。一方で，限られた社会の中で生活することで，あまりストレス感じない場合もあった。

日本への適応のきっかけとして，日本社会とつながる仲介役となるキーパーソンとの出会いがみられた。将来の夫がキーパーソンである場合もあった。キーパーソンとの出会いそのものが強力な保護因子であった。このキーパーソンを通じて，日本語能力が上達したり，日本社会との関わりが深められていった。

また結婚への迷いと決断には，夫や協力者自身が置かれた社会的状況が大きく影響していた。親の老後に対する子の責任や家族の在り方，働き方は，文化によって規定されており，それらは，結婚の決断に対して負の影響を与えていた。一方，協力者たちは夫の好意や自分の夫への思いなどを理由に結婚を選択していた。

第Ⅱ期は，結婚から出産までである。結婚によって，日本社会とより深い関わりが求められる。第Ⅰ期とは異なり，日本社会の一時的滞在者としてではなく，成員として扱われ始める段階である。

結婚前来日群の結婚移住女性たちは，結婚によって日本での生活が一時的なものではなく，長期にわたることを覚悟する。そのとき，日本語でより深いコミュニケーションが取れるよう日常会話以上の日本語を周囲もそ

して彼女たち自身も望む。これが第二次言葉の問題である。瀬井（2013）は，来日後日本語学習を始めた女性のインタビューから，彼女が日本社会で自己実現を図る上で，より高度な日本語能力を必要としていったことを明らかにしている。一時的な滞在であれば，日常会話レベルでも事足りるが，将来を見通して，日本社会で子育てや仕事を得ることを考えれば，日本語力がより重要になる。第二次言葉の問題では，日本語学習と日本人家族のサポートが重要であった。

　一方，結婚来日群の場合には，第一次・第二次言葉，カルチャーショックが一度にやってくる。日本語学習はもちろんのことながら，同国人および日本人家族両方のサポートが必要であるといえる。しかしながら，言葉が通じるというだけの同国人のつながりは危険性も孕んでいることもあった。

　また結婚来日群では，来日後に思うような仕事に就けないことで，自尊心の低下がみられた。移民の精神保健において，移住に伴う社会的・経済的地位の低下はリスクファクターとされているが（Nazroo & Iley, 2011），本研究においても同様であった。結婚移住女性の場合，特に結婚来日群では，母国にある社会的地位，経済的自立性，社会関係を失い，日本人の夫だけを頼りとして一人日本という異文化社会にやってくる。母国での学歴や職歴は，役に立たず，一からキャリアを積んでいかなければならない。このような状況は，来日直後のみならず，子育てを終えて仕事に就こうとする結婚移住女性にもみられた。望んだ仕事に就けるかは，本人の意志と努力によるところが非常に大きいが，その背景には家族の支えやボランティア活動などの社会参加で人脈を広げたり，パートタイムの仕事でキャリアを積むといったことがあった。

　結婚後，結婚移住女性たちは，妊娠・出産といったライフイベントに遭遇する。出産や育児に関わる文化・価値観は，出身国によって大きく異なる。このような違いが育児のストレスや困難につながることが先行研究において指摘されている（李他, 2015; 鶴岡, 2008）。妊娠・出産という身体的負担に加え，文化差が重なることで大きなリスクとなりうる。日本人家族からの

サポート、周囲の異文化に対する配慮や母国の親類を援助者として呼ぶことが，リスクの軽減につながっていた。それは，不妊についても同様で，母国の文化を共有する仲間が心理的負担を軽減する役割を担っていた。

　出産後，仕事をすぐに再開するかどうかは，個人的な状況に左右されるが，日本の子育て環境や家族観といった社会的状況も影響を与えていた。日本では，3歳児神話という社会通念上も男性の長時間労働と育児休暇取得率の低さという社会制度上も育児が母親である女性に任される傾向にあり，このような社会的状況が結婚移住女性の産後の仕事選択に影響していた。またこのような社会的状況にあって、実父母の育児への協力が物理的に得られない結婚移住女性にとっては、義父母からの協力が仕事復帰への後押しとなっていた。

　第Ⅲ期は，産後から仕事・キャリア形成に注力するまでである。産後は，家庭内での子育てをめぐる葛藤や対立が生じたり，家庭外では日本人母親との交流が広がる時期である。一方仕事では，日本社会や日本人との交流が深まっていく。

　産後，結婚移住女性には，母親という新たなアイデンティティが付与される。これまで，同世代の日本人と関わりが少なかった人も同じ母親という役割を得たことで，日本人母親との関係性が生まれてくる。賽漢卓娜（2011）は，態度や行動の基準となる準拠枠という概念を用いて，結婚移住女性が地域の母親たちと関係を深めていくことを説明している。個々人の生育環境や性格が異なるので，完全に同じ準拠枠を持つ者は存在しない。しかし，同じ社会環境にいるなら，類似した準拠枠を持つ可能性はあるとしている。農家に嫁いだ結婚移住女性が，他の地域から嫁いできた日本人母親と似たような立場に置かれたり，似たような悩みを持ったりすることで，これまでの準拠枠から「農村の若妻（母親）」という新たな準拠枠を選択していく事例を報告している。本研究でも母親という共通のアイデンティティを持つことで，日本人母親との交流が促進されることが示された。そういった日本人母親とのつながりが母親となった結婚移住女性の

第Ⅱ部　実証研究

支えになっていた。

　義父母との関係は，別居の場合にはあまり衝突が顕在化しないが，同居の場合には食事から掃除，子育てまで生活のありとあらゆる場面で葛藤が生じる可能性がある。保護因子として，悩みを相談できる友人関係があること，別居して衝突を避けること，運転免許取得したり，職に就くことで自立し関係性を変えるといったことがみられた。また内的リソースとして，問題を異文化性に起因させず一般化すること，逆に異文化性を強調することなどがみられた。

　一般化は，異文化性という個人の変えられない属性に問題の原因が帰属されることを防いでいる。外国人であるから，差別されたり不当な扱いを受けたり，衝突や対立が起こると考えた場合，結婚移住女性にとって解決は困難である。なぜなら，単純化して言えば，彼女たちのルーツ，異文化性を変えることができないからである。しかしながら，問題をより一般化，誰にでも起こりうること，特に日本人でも起こることと捉え直すことで，自分のせいで，あるいは外国人だから起こったのではなく，不運な出来事として認識することができる。つまり外国人であるという内面に原因を求めるのではなく，外的帰属することが可能になる。

　原因帰属については，そもそも外的帰属よりも内的帰属しやすいことが知られているが[11]（Ross, 1977），外国人の場合，外国人であることに内的原因帰属しやすい可能性が考えられる。つまり，外国人だからこのような困難を抱えるという心境に陥りやすいことが想定できる。本研究では，問題を一般化することで，異文化性という内面に原因を帰属させず，外的帰属化する語りがみられた。

　一方で全く逆の異文化を強調する語りもみられた。異文化性の強調は，あきらめや妥協，例外の理由付けとして使われていた。結婚移住女性は，異文化であるから「しょうがない」と日本文化を受け入れ，日本人側も外

11　「基本的な帰属のエラー」：環境の影響力に比較して個人的・傾性的要因の重要性を過大評価する人間の一般的傾向（Ross, 1977）。

150

国人だから「しょうがない」と結婚移住女性の例外性を認めていた。可変的でない異文化性を理由とすることで，対立や葛藤を長引かせず，潔いあきらめや建設的な妥協，例外を生み出すことが可能となっていた。

このような問題の一般化と異文化性の強調は，個人の認知の仕方，内的リソースとして考えられる。本研究では，主に義母との葛藤において語られたが，このような内的リソースはその他の葛藤場面でも用いられている可能性が考えられる。

子どもが学校にあがると，結婚移住女性は日本の教育，学校文化に適応することを迫られる。それは，学校からの文書を読んだり，連絡帳を書いたりという日本語能力に始まり，給食や弁当，部活，PTA活動にまで及ぶ。日本の教育，学校文化を体験していない彼女たちは，それらにゼロから適応していかなくてはならない。学校活動への参加には，母親の日本語能力が影響している。日本語が苦手な場合には，学校活動への参加に消極的になってしまう。一方積極的に関わる背景として，関わりを通して自分が体験してこなかった日本の学校文化を理解することや外国人母親である自分を知ってもらうことで，母親関係を築き，子ども同士の関係も円滑にすることなどがあった。日本人母親との交流を通して，学校文化や学校に関わる様々なやり方を学習するモデリングが行われていた。さらに日本の学校と深く関わることで，結果として日本人母親とのつながりといったネットワークの広がりがみられた。一方で，「日本のやり方」を一方的に押しつけられることで抵抗を感じる場合もあったが，いずれにせよ結婚移住女性の日本の学校文化への適応や学校行事への参加の背景には，「こどものため」という母親としての強い意志が背景にあった。

子どもが学齢期になると子のアイデンティティをめぐる問題にも対応を迫られる。母親の母語を教えるという継承語教育は，子に自身のルーツを伝えるという意味だけでなく，マイノリティである子どもたちに仲間を提供すること，さらにはバイリンガル・マルチリンガルという教育戦略をも含んでいる。

第Ⅱ部　実証研究

　さらにこの時期は，学校を通した日本人母親との交流だけでなく，仕事を通した日本社会・日本人との交流やネットワークの拡大もみられた。仕事を通して交流やネットワークが拡大していくだけでなく，このネットワークが仕事に通じる側面もあった。子育てに専念していた結婚移住女性も子育てが落ち着くと次第に仕事やキャリアに注力していくようになる。

　第Ⅳ期は，仕事やキャリアに注力するから老後について考え始めるまでである。子育てが落ち着くと，仕事やキャリアに注力していく。仕事やキャリアとの関連で，家庭外である日本社会に居場所を築いていく段階といえる。

　仕事やキャリアを選択する際に，日本語能力や日本社会でのネットワークが重要な意味を持つ。外国語能力や異文化性を活かそうと思うならば，同地域出身者が多数いる場合には，それに勝ち抜くだけの能力と人脈が必要となる。一方，異文化性にこだわらない仕事を選ぶ場合には，当然のことながら日本人と競合する。より良い条件の仕事に就く場合には，高い日本語能力，専門性が求められる。

　日本社会で長く暮らしていると，母国にいる両親の介護・看病といった問題に直面する。その問題の大きさは，その文化によって老後の親の面倒を見ることに対して子どもにどれだけ責任が課されているかによる。子に多くの責任が課されている場合には，どれだけそれに応えられたかということが，その後の心理状態に影響を与える。結婚移住女性の場合，遠く離れて住んでいるため，実質的な労力を提供することは難しい。その場合には，送金という経済的な形が代替え手段となりうる。

　実の両親が死亡すると同時に，結婚移住女性は母国に実家，帰る家を失う。きょうだいや親戚がいる場合はあるが，両親がいなくなることで心理的に帰る場所を失う。また自身の今後についても考え始める。老後，このまま日本に暮らし続けるのか，母国あるいは他の場所に移るのかについて迷いが生じる。日本で老後を暮らしていく不安や母国には帰る家や生活基盤がない一方で，日本には生活基盤があること，日本国籍をすでに取得し

152

ていることなどを考えながら，今後の道を選択していく。

　上述したライフイベントと保護因子から，第Ⅱ期以降日本に長く定住するにあたって，日本語能力，日本人・同国人によるソーシャルサポート（道具的・情緒的），社会関係資本，母国文化の取り入れが共通項目として浮かび上がった。また，これまで結婚移住女性本人の内的なリソースとして日本語能力が注目されてきたが，問題の一般化や異文化性の強調といった柔軟な認知があることが示唆された。

2　異文化適応過程における「統合」

　本章では，学業や仕事といった限定された側面での適応から，結婚することによって，私的な領域においても公的な領域においても日本社会とより深い関係を築きながら適応していく過程が浮かび上がった。

　第Ⅰ期は，来日から結婚までの時期である。この段階では日本での滞在は一時的なものであり，留学や仕事といった限定された場面での適応が中心となる。異文化接触の初期段階であり，多くの差異や不慣れさを経験するが，日本での滞在が一時的であるという事実は，精神的な逃げ道ともなる。日本語学習や異文化への順応の苦労を一時の困難としてやり過ごすことも可能である。一方で，結婚後の第Ⅱ期以降は，より深いレベルでの日本社会との関係構築と適応が求められる。

　第Ⅱ期以降，一時的な滞在が継続的になることで，日本社会で暮らしていくためにより高い日本語能力や公私にわたる人間関係の構築，経済的自立といった課題に直面することとなる。日本の文化を取り込む一方で，自文化を保持し，日本での生活に組み込んでいく過程がみられた。

　例えば，言語については，はじめ日本語を学習するという日本文化の取り込みが中心となっていたが，日本語が上達するにつれて母語を教えたり，通訳の仕事をしたり，日本語と母語の両方が生活の中で重要な位置を占めるようになっていった。また継承語教育という形で，母語の保持が果たされる場合もあった。

153

また私的領域では，比較的柔軟に日本文化の取り入れと自文化の表出が行われていた。例えば料理では，母国の料理を作りながらも日本人の好みに合うよう修正したり，家族みんなが好きな料理を提供したりしていた。出産・子育てでは，出産や産後に母国の支援者を呼び寄せたり，同居や子育てに関して自文化を保持する形で自己主張を行ったりしていた。

一方公的領域，例えば，日本の学校文化との出会いでは，多くの結婚移住女性が，はじめは戦略的に日本文化に合わせるというスタイルを取っていた。日本の学校文化を知らないため，他の母親に教わることで日本の文化の学習と取り込みを行う。PTAの活動を続けるうちに，中心的な存在となって主体的に活動を始め，日本人の母親に教える立場になる人も出てきた。本研究では，PTA活動において目に見える形で自文化の要素を取り入れている事例はみられなかった。しかしながら，大野（2015）がPTA活動において結婚移住女性が自文化の伝統舞踊を取り入れた事例を示しているように，主体的に関わることでPTA活動の中に自文化を組み込んでいく可能性は十分に考えられる。はじめは，受け身的に異文化である日本文化を取り入れながらも，次第に主体的に自文化を組み入れていく過程が浮かび上がった。

Berry & Kim（1988）の文化変容態度に照らし合わせると，私的領域では，統合的調整が比較的柔軟に行われているが，公的領域や言葉については，日本文化の取り込みを行った上で，自文化が表出され，統合に向かうという経時的な変化がより明確に表れていた。

このような経時的変化は，戦略上の合理性があるといえる。当然のことながら，日本語を知らなければ，母語を使った仕事はできない。また相手の文化ややり方を知っていれば，自文化を組み込み易くなるだろう。相手の文化ややり方を知らないまま，自文化を主張することは，いたずらに対立を招く可能性がある。異文化の取り込みは，その事象だけを取り上げると，同化的とも思われかねない。しかしながら，異文化適応過程を通してみると，自文化を誇示するための合理的な戦略といえる。

第Ⅲ部

総合考察と今後の課題

第Ⅲ部　総合考察と今後の課題

第9章
実証研究の総合考察

第1節　実証研究の概要

本研究では，先行研究の課題として，諸外国における結婚移住女性のメンタルヘルス研究と比べて，日本における結婚移住女性のメンタルヘルス研究が圧倒的に少ないこと，ライフイベントとの関連から長期的視点に立ったプロセス研究が必要であること，さらに問題解決の視点で異文化適応過程を捉えることの重要性を指摘した。これらの課題から，第一に，結婚移住女性の抱える心理的問題とその背景を明らかにすること，第二に，その問題と背景を踏まえた上で，結婚移住女性のメンタルヘルスの全体像を明らかにすること，第三に，結婚移住女性のライフストーリーから，ライフイベントと保護因子に着目して異文化適応過程を明らかにすることを目的とした。これら三つの目的のために，五つの実証研究を行った。

1　結婚移住女性の心理的問題とその背景
① 外国人相談の傾向と心理的問題

第4章では，外国人相談に寄せられる相談の傾向，および心理的問題を抱える相談の特徴について明らかにすることを目的とした。

全国の外国人相談の相談員を対象として，質問紙調査を行った。166部の回答（回収率24.1%）が得られた。質問紙は，フェイスシート，相談業務に関すること，外国人相談ストレス，ストレス反応，および研修・メンタルヘルスに関する知識で構成した。結果の分析には，フェイスシート，相談業務に関することを用いた。

質問紙調査の結果，長期居住者で，30代～40代の女性からの相談が比較的多く，心理的問題を抱える相談者が一定数いること，その背景として

156

「異文化ストレス」，「配偶者との関係」，「経済的問題」が想定されていることが明らかとなった。

② 相談事例の検討による相談の全体的傾向と心理的問題

第5章では，相談事例検討から相談の全体的傾向と心理的問題の背景および特徴を明らかにすることを目的とした。

ある外国人相談センター（「T外国人相談センター」）における過去9年間の相談記録2588件を分析の対象とした。相談記録から年度，相談形態，相談言語，性別，相談カテゴリー，相談内容，および心的問題の有無を抜き出し，件数（延べ数）で集計を行った。次に，心理的問題を抱える相談を事例ごとに分類し，背景ごとにまとめた。

その結果，相談全体の傾向として，女性の相談が多いこと，女性の相談は他と比較して離婚の相談が多いこと，「話し相手」のような相談が多いことなどが明らかとなった。心理的な問題を抱える相談は，全体の約5％を占めた。そのうち約80％が女性からの相談であった。日本人の配偶者である結婚移住女性に多く，家庭内不和や離婚を背景とする問題が多いことが明らかとなった。またいずれの問題も異文化ストレスが関連していることが示唆された。

2 結婚移住女性の異文化ストレスと精神的健康
① 結婚移住女性の異文化ストレス

第6章では，第一に結婚移住女性の異文化ストレス尺度を作成すること，第二に分析対象者の属性と異文化ストレスとの関連を検討することを目的とした。

在住外国人を対象として質問紙調査を行い，結婚移住女性が回答した質問紙114部を分析対象とした。質問紙は，フェイスシート，異文化ストレス尺度，精神的健康度，困ったときの相談先，友人との交流頻度，ソーシャルサポートの受領と提供，および生活満足度で構成された。第6章で

第Ⅲ部　総合考察と今後の課題

は，フェイスシート，異文化ストレス尺度，生活満足度を分析に用いた。異文化ストレス尺度の作成にあたっては，先行研究から母国，言語，文化・価値観，社会環境，自然環境といった五つの領域にわたる異文化ストレス項目を作成した。

　その結果，結婚移住女性の異文化ストレスは，社会文化ストレス，言語ストレス，離郷ストレスであることが明らかとなり，信頼性と妥当性が確認された。

　属性との関連では，言語ストレスと滞在年数，日本語能力，学歴に負の相関が示された。これらと言語ストレスの下位尺度「話す」，「聞く」，「読む」，「書く」との関連の検討から，「話す」，「聞く」のストレスは，滞在年数に応じて減少する一方で，「読む」，「書く」のストレスは学習と関連が深いことが示唆された。また中国出身者の離郷ストレスが高いことが示された。

　さらに滞在年数と学歴が日本語能力に影響を及ぼし，日本語能力が言語ストレスに影響を及ぼすことが明らかとなった。日本人との交流を通して日本語への接触経験を増やしたり，学習機会を増やすことによって，日本語能力を高めることで，言語ストレスを軽減する可能性が示唆された。

② 結婚移住女性の精神的健康

　第7章では，第一に結婚移住女性の精神的健康状態を明らかにすること，第二に精神的健康に影響を与える要因の検討を行うこと，第三にソーシャルサポートの関連要因を検討すること，第四に結婚移住女性の相談先について明らかにすることを目的とした。

　分析対象者，質問紙は第6章と同様である。分析には，フェイスシート，異文化ストレス尺度，精神的健康度，困ったときの相談先，友人との交流頻度，ソーシャルサポートを用いた。

　その結果，日本における結婚移住女性の精神的健康状態は，諸外国における先行研究と大きく異なることはなかった。抑うつ度の平均点は，結婚

158

移住女性の方が高いが，日本在住女性と結婚移住女性の抑うつが疑われる割合はほぼ同じであった。したがって，結婚移住女性の精神的健康が日本在住女性と比較して不良であるとまではいえない。一方で抑うつが疑われる人が約4割いることも事実であり，結婚移住女性の精神的健康状態が決して楽観視できる状態にないことが明らかとなった。

ソーシャルサポートに関連する変数では，有職者の方が無職者よりも情緒受領サポートが高いことが明らかとなり，社会関係の広さが情緒受領サポートの高さに影響していることが示唆された。また提供サポートでは，滞在年数と情緒情報提供サポートに正の相関がみられ，滞在年数が長くなるにつれて，サポートを受けるだけでなく，サポート提供する側にも回っている可能性が示された。主要出身国別では，韓国の提供サポートが低いことが明らかとなった。友人との交流頻度とソーシャルサポートの関連では，ソーシャルサポート受領において，日本人・同国人双方からのサポートが重要であることが明らかとなり，同国人だけでなく日本人にも情報情緒サポートを提供している可能性が示唆された。

抑うつとの属性の関連では，日本語能力と抑うつの間に負の相関がみられた。結婚経緯による差はみられず，精神的健康の問題は，いわゆる「農村花嫁」や「外国人花嫁」，「外国人妻」だけの問題ではないという可能性が示された。

また情緒受領サポート，文化社会ストレス，母国の友人との交流，日本語能力が抑うつに影響する変数であることがわかった。これらのことから，日本語能力向上，ソーシャルサポートを念頭に置いた人的交流機会の創出，日本語支援，母国との関係の保持がメンタルヘルスの予防的支援として重要であることが明らかとなった。

さらに，困ったときの相談先として，家族や同国人といった身近な人々が選ばれていることが示された。したがって，メンタルヘルスの予防的支援を考える際に，日本人家族や外国人コミュニティに向けて，心理教育などを行うことが問題を抱える当事者に有益な情報を提供することにつなが

第Ⅲ部　総合考察と今後の課題

ると考えられる。

3　結婚移住女性の異文化適応過程

　第8章では，長年日本で暮らす結婚移住女性の経験に着目し，ライフストーリーから異文化適応過程を明らかにすることを目的とした。

　日本滞在年数が概ね10年以上の日本語で面接可能な結婚移住女性を対象とした。また異文化適応の臨床基準として，抑うつが疑われない（CES-Dのスコアが16点より低い）人を対象とした。半構造化面接により，ライフストーリーの聞き取りを行い，TEMにより分析を行った。面接は，一人につき3回行われた。

　結婚移住女性の異文化適応過程は，第Ⅰ期来日から結婚まで，第Ⅱ期結婚から出産まで，第Ⅲ期産後から仕事・キャリア形成に注力するまで，第Ⅳ期仕事やキャリアに注力するから老後について考え始めるまでの四つに分けて検討した。それぞれの過程において，想定されるライフイベントおよび保護因子が明らかになった。また全体を通して，学業や仕事といった限定された側面での適応から，第Ⅱ期以降結婚することによって，私的な領域においても公的な領域においても日本社会とより深い関係を築きながら適応していく過程が浮かび上がった。第Ⅱ期以降，共通の保護因子としては，日本語能力，日本人・同国人によるソーシャルサポート（道具的・情緒的），社会関係資本，母国文化の取り入れが挙げられる。また内的リソースとして，問題の一般化や異文化性の強調という認知の柔軟性があることがわかった。さらに異文化と自文化の統合という視点では，私的領域では，異文化の取り込みと自文化の表出が比較的柔軟に行われているが，公的領域においては，異文化の取り込みから自文化の誇示という戦略的かつ合理的な経時的変化があることが示された。

第2節　結婚移住女性のメンタルヘルスと異文化適応

　本節では，結婚移住女性のメンタルヘルス研究における課題を述べた

第9章　実証研究の総合考察

後、日本における結婚移住女性の精神的健康の状態について検討を行う。次に，メンタルヘルスの関連要因について主に第7章と第8章における結果から考察する。最後に，異文化適応過程における文化変容態度モデルの検討を行うこととする。

1　結婚移住女性のメンタルヘルス研究における課題

　日本において結婚移住女性の抱える心理的問題は，社会学や精神医学からその問題点が指摘されながらも（桑山, 1995a; 賽漢卓娜, 2011; 佐竹・ダアノイ, 2006），心理学的研究の注目を浴びることはなかった。心理学の異文化研究においては，留学生以外の長期居住外国人のメンタルヘルスに関する研究はほとんどないのが実情であった。

　諸外国における結婚移住女性研究の状況を概観すると，欧米では移民メンタルヘルスや異文化適応に関する研究の蓄積があるものの，移民女性が誰と結婚しているのかということにはほとんど関心が払われず，異文化結婚や国際結婚を扱った研究は非常に少ない状況であった。しかしながら，移民女性という枠でまとめるならば，移民女性は心理的問題を抱えるリスクが高いといえる。一方で欧米の研究は，ジェンダーやホスト国における移民の出身国の位置付けなどといった社会的文脈を考慮する重要性を指摘している。つまり，あるホスト国での移民傾向をそのまま別の国に当てはめることはできず，それぞれの国での個々の調査が重要であるといえる。

　一方，韓国や台湾では，「移動の女性化（小ヶ谷, 2013）」を背景に90年代以降，アジア諸国出身女性との国際結婚が増加した。このような状況を背景として，近年，韓国や台湾において，結婚移住女性のメンタルヘルスに関する研究が盛んに行われている。結婚移住女性のメンタルヘルスの状況は，現地の女性よりも良好ではないとする報告が圧倒的に多い（Im et al., 2014; Kim et al., 2011; Kim & Kim, 2013; Lee et al., 2014; Shu et al., 2011; Yang & Wang, 2011a, 2011b）。一方で，台湾・韓国における研究は，経済格差のある国出身者に対象が限られているという特徴がある。したがって，出身

161

第Ⅲ部　総合考察と今後の課題

国や結婚経緯によって，結婚移住女性のメンタルヘルスに差があるのかという問いに応えることはできないという課題が残る。

　また日本では，結婚移住女性のメンタルヘルスに関する研究は，諸外国と比較して，圧倒的に少ない。したがって第一に，結婚移住女性のメンタルヘルスの全体像を量的調査から把握することが必要であった。さらに，研究は母子保健の分野に偏っており，来日から老後までといった長期的視野に立った異文化適応研究が必要であった。

2　日本における結婚移住女性の精神的健康

　先述したように諸外国の結婚移住女性のメンタルヘルスは，現地女性と比較して，良好ではないとされている。本研究では，抑うつ度の平均は日本在住女性よりも高いものの，抑うつが疑われる割合はほぼ同じであった。したがって，一概に日本で暮らす結婚移住女性のメンタルヘルスが日本在住女性よりも良好ではないとはいえない。しかしながら，本研究の研究協力者のリクルートは，ランダムサンプリングではなく，特定のルートを通じて行われたため比較的安定した状態にある研究協力者が研究に参加した可能性は否定できない。一方で，抑うつが疑われる状態にある結婚移住女性が約4割にのぼったことは，決して結婚移住女性のメンタルヘルスが楽観視できる状況にないことを示している。

　また本研究においては，出身国，結婚経緯による差がみられず，精神的健康を規定する要因とはならない可能性が示された。言い換えれば，出身国，結婚経緯にかかわらず結婚移住女性誰しもが心理的問題を抱えうる可能性が示唆されたといえる。

3　メンタルヘルスの関連要因

　結婚移住女性の抑うつ度は，情緒受領サポート，文化社会ストレス，母国にいる友人との交流，日本語能力から影響を受けることが示された。ソーシャルサポートとメンタルヘルスの関連については多くの先行研究で

162

指摘されているところではある（Guruge et al., 2015; Kim et al., 2010; Lin & Hung, 2007）が，本研究ではソーシャルサポートの中でも情緒受領サポートが影響していることが示された。また情緒受領サポートは，日本人および同国人の交流頻度と関連があることがわかった。第8章の異文化適応過程においても，同国人，日本人いずれからもサポートを受けていることが示されている。これまでの研究では，ソーシャルサポートとしてエスニックコミュニティに言及されることが多かったが（Halpern & Nazroo, 2000; 木村, 1997b; Murphy, 1977），本研究の結果から同国人だけでなく，日本人との交流も重要であることが明らかとなった。特に諸外国と比較して，圧倒的に外国人比率の低い[12]日本では，社会構造的にも同国人だけでなく日本人との交流が迫られるという特徴がある。同国人だけでなく日本人との交流の促進がソーシャルサポートを考える上で重要であるといえる。

　文化社会ストレスは，相互理解や社会参加の困難さ，社会的差別などから生じるストレスである。差別や文化的衝突がメンタルヘルスに影響を与えることは，先行研究においても指摘されているところであり（Chou, 2010; Delara, 2016），本研究においても同様の結果が示された。文化社会ストレスの低減，あるいはメンタルヘルスへの影響の緩和を考えるにあたっては，第8章の異文化適応過程での考察が一つの参考になるだろう。相互理解について，異文化適応過程では，日本文化を知り，受け入れた上で，自文化を提示するという方法がとられていた。また内的リソースの異文化性の強調を用いることで，相互理解の妥協点を見出すことが可能になっていた。さらに社会参加という点では，PTA活動やボランティア活動などの比較的取り組みやすい活動から社会関係を広げることによって，その後の社会参加がより促進されていく過程が明らかとなった。これらのことから，このような視点を異文化間カウンセリングに活かしていくことや段階的に社会参加しやすい環境を整えていくことが考えられる。

---

[12] OECDのデータで日本は，24ヶ国中，22位，1.6%。韓国は2%，USAは7%（OECD, 2013）。

第Ⅲ部　総合考察と今後の課題

　母国にいる友人との交流は，近年のSNSの発達によって，急速に利便性が増している。第8章においても，母国にいる友人に気軽に悩みを相談したり，日常的な会話をすることが語られていた。これまで同国人によるソーシャルサポートは，現地にいる同国人に目が向けられていたが，SNSの発達により母国にいる人からサポートの重要性が増していくことが考えられる。

　現地の言語能力のメンタルヘルスにおける重要性は，先行研究から明らかになっている（Kim et al., 2011; Kim & Kim, 2013; Kim et al., 2013）が，本研究においても改めて日本語能力の重要性が確認された。さらに第8章では，異文化適応過程に応じて，必要とされる言語能力が異なることが示された。メンタルヘルスにおける日本語学習支援の重要性だけでなく，適応過程に応じたニーズに応えることの重要性が示された。

4　異文化適応過程にみる文化変容態度

　Berry & Kim（1988）は，異文化適応を考える上で，周辺化・分離・同化・統合という四つの文化変容態度という枠組みを提示した。この枠組みを第8章の異文化適応過程に当てはめてみると，全体としては統合に向かうプロセスであるとみることがきるが，実際の状況において，はっきりとした統合の形がみえるわけではない。個々のライフイベントにおいては，例えば，日本で出産するが（同化），母国の親族を呼び寄せる（分離）というように，同化や分離とも捉えられる状況が交互に現れている。また日本語を習得してから（同化），母語を活かす（分離）というように，より長いスパンで統合が図られる場合もある。したがって，Berry & Kim（1988）が提示するモデルを実際の状況に当てはめる場合には，時間という観点が重要であると考えられる。

第3節　心理社会的支援への示唆

1　日本語学習支援

　滞在年数と学歴が日本語能力に影響を及ぼし，言語ストレスに影響していることがわかった。これらのことから，結婚移住女性の日本語能力学習機会を保障することが，異文化ストレス軽減につながると考えられる。また日本語能力は，抑うつを予測する直接的な変数である。

　日本においては，公的な日本語学習制度はなく，日本語学校や国際交流協会やNPO・NGOなどが実施する日本語講座，ボランティアベースの地域の日本語教室などが在住外国人の日本語学習を担っている。外国人の日本語学習については，当該地域や国で広く使われる言語を学習・使用する権利としての言語権という考え方がある（木村, 2011）。木村（2011）によると，それは，何よりもまず社会生活に必要な言語的条件を獲得する権利，いわば生存権としての言語権といえる。韓国（自治体国際化協会 ソウル事務所, 2011）やフランス（平出, 2009）においては，一定の条件の下，公的な言語学習機会が与えられている。日本においても生活言語としての日本語をどのように保障していくかを検討する必要があるだろう。

　さらには，本研究から適応過程に応じて必要とされる日本語能力が異なることが示されたことから，ニーズに対応した日本語学習支援が望まれる。

2　社会関係資本形成支援

　情緒受領サポートは，抑うつに影響を与える変数であり，日本人，同国人，いずれも交流頻度が高いほど，情緒受領サポートを得ていた。さらに異文化適応過程で結婚移住女性は，ほぼゼロの状態から日本という異文化社会においてネットワークを形成し，日本社会にいかに参加しているか，ネットワークをどれだけ持っているかが適応の重要な要素であった。

　大野（2013）は，「移民・移住女性たちが他者化されることがなく，そ

れぞれが生活する社会における意思決定過程に積極的にかかわる責任について自覚し，その役割を果たすように行動していること」をシティズンシップと定義し，その形成要因に，社会関係資本と教会や学校，外国人支援団体といった仲介的役割を果たしている組織の影響があるとする。

本研究においても，学校のPTAやボランティア活動，仕事が日本人との交流を促進したり，活動を通して自尊心を高めることが確認された。このような社会関係資本の構築を支援する場の設定，そういった場への参加の後押し，仕事を含めた社会活動への外国人の積極的登用が異文化適応を支え，メンタルヘルスの予防に働くと考えられる。

3　異文化間カウンセリングへの示唆

本研究から，結婚移住女性の内的リソースとして，異文化性に関する語りの特徴，異文化性の一般化，および強調が明らかにされた。一般化などによって，ネガティヴな状況と異文化性が結びつかないようにすること，このような認知をリフレーミングとして取り入れることで，外国人の心理的負担を軽減できるのではないかと考えられる。また異文化性を強調することで，潔いあきらめや建設的な妥協，例外を生み出すことが可能であるという臨床的示唆が得られた。

日本では異文化間カウンセリングに関する事例報告自体非常に少ない。しかしながら専門的なカウンセリングのみならず，外国人相談など異文化間カウンセリング活動領域など，異文化間カウンセリングに関する知見の活用領域は広い。本研究で得られた知見を実践で活用できるよう更なる研究と検討を進めていく必要がある。

第 10 章
今後の課題

第 1 節　本研究の課題と今後の方向性

1　本研究の課題

① 精神的健康を予測する変数

　本論では，情緒受領サポート，文化社会ストレス，母国の友人との交流，日本語能力が精神的健康（抑うつ）に影響する変数であることが示された。しかしながら先行研究で指摘されている，移住前のトラウマ体験，夫と年齢や世帯年収，世帯構成などは，質問項目数の兼ね合いや回答者の負担を考慮した結果，変数として扱うことができなかった。

② ソーシャルサポート尺度の適切さ

　本論では，日本人用に作成された既存のソーシャルサポート尺度を用いた。外国人女性のソーシャルサポート研究でも用いられた尺度であるが，本来日本人用に作られたものである。留学生研究においては，外国人特有のソーシャルサポートが検討され，尺度化されている（周, 1995; 周・深谷, 2002）。結婚移住女性のソーシャルサポートについても，結婚移住女性ならではの特徴があると思われる。しかしながら，既存の尺度を用いたことで，結婚移住女性のソーシャルサポートを的確に捉えられていなかった可能性がある。

③ インタビューにおける日本語の使用

　本研究におけるインタビューはいずれも日本語で行われた。研究協力者は，いずれも通訳を頼まれるほどの日本語能力を持っていたが，日本語と

いう外国語表現でのインタビューであったため，研究協力者が100％自身の意志を伝えることができたか，また調査者が100％研究協力者の意図をくみ取ることができたかには疑問の余地が残る。母語で行わないインタビュー調査の限界である。

④ サンプルサイズの少なさと偏り

本研究は，他の領域の量的研究と比べてサンプルサイズが少ない。また研究協力者のリクルートが困難であるために，特定の組織や特定の外国人ネットワークを通じて，募集が行われる。また鈴木（2012）も指摘するように，比較的安定した状態にある人が参加しやすい。これらのことから，特定の人やエスニック，地域に偏ってしまうことが結婚移住女性研究の限界である。

2 今後の方向性

今後の方向性として，次の3点を挙げる。

第一に，サンプルサイズと対象を拡大することである。サンプルサイズを増やすことで，出身国も多様になり，比較することが可能になる。また対象を拡大することで，日本人女性と結婚した外国人男性や同国人と結婚して日本に定住する外国人女性との比較を通して，結婚移住女性の特徴をより明確化することが可能になる。さらには，結婚移住女性以外の長期居住外国人のメンタルヘルス研究にもつながると考えられる。

第二に，より多くの事例を検討することである。事例を増やすことで，異文化適応過程の類型を描くことが可能になる。結婚以前の滞日歴や結婚経緯，子どもの有無などによって事例を類型化することで，結婚移住女性の異文化適応モデルやヴィジョンを提供することができる。さらには，本研究で明らかとなった問題の一般化と異文化性の強調といった内的リソースに着目して語りを分析することで，異文化間カウンセリングへの知見が得られる可能性がある。

第10章　今後の課題

　第三に，支援者や日本人側の視点を踏まえた異文化適応研究の実施である。本研究では結婚移住女性側の視点のみを扱ってきたが，結婚移住女性が異文化適応していく際には，当然のことながら一方のみが合わせる，変化するのではなく，相互作用で変化をしている。日本側の視点を取り入れることで，より多面的な異文化適応過程を捉えることができると考える。

第2節　結　語

　本論は，結婚移住女性のメンタルヘルスに焦点を当て，量的な分析から全体像を把握し，質的な分析から異文化適応過程を明らかにした。

　結婚移住女性の4割が抑うつを疑われる状態にあること，精神的健康に情緒受領サポート，社会文化ストレス，日本語能力，母国の友人との交流が影響していることを示した。また異文化適応過程において，想定されるライフイベントと保護因子について明らかにした。保護因子では，同国人や家族によるサポートといった外的リソースだけでなく，内的リソースとして，異文化性の一般化と強調があることを示した。また文化変容態度モデルと照らし合わせて，長いプロセスを経て統合が表れることも明らかとなった。

　今後は，サンプルサイズや対象を増やし，結婚移住女性の特徴をより明確にしていくこと，事例を増やし，異文化適応過程を類型化すること，語りに着目し，結婚移住女性の内的リソースについて検討を行うこと，そして日本人側の視点を入れて，異文化適応を考えることを課題としたい。

　本研究から、結婚移住女性のメンタルヘルスの全体像が明らかとなり、ライフイベントや適応過程に応じた対応策や支援策の検討において、一知見を提供することができた。

引用文献

阿部　裕（2009）.「こころ」の壁─精神科医の立場から─　シリーズ多言語・多文化協働実践研究　別冊　外国人相談事業, 2, 73-82.

阿部　裕・比賀晴美（2004）. クリニックにおける外国人のこころの支援　こころと文化, 3, 27-35.

阿部　裕・野内　類・井上孝代・田中ネリ（2006）. 在日ラテンアメリカ人のメンタルヘルス　明治学院大学心理学部付属研究所紀要, 4, 39-49.

Akhtar, S. (1999). *Immigration and identity: Turmoil, treatment, and transformation.* Maryland: Rowman & Littlefield.

Almeida, L. M., Caldas, J., Ayres-de-Campos, D., Salcedo-Barrientos, D. & Dias, S. (2013). Maternal healthcare in migrants: A systematic review. *Maternal and Child Health Journal*, 17, 1346-1354.

荒川　歩・安田裕子・サトウタツヤ（2012）. 複線経路・等至性モデルの TEM の描き方一例　立命館人間科学研究, 25, 95-107.

Aroian, K. J. (2001). Immigrant women and their health. *Annual Review of Nursing Reseach*, 19, 179-226.

朝日新聞社（編）（2007）. 知恵蔵 2007：朝日現代用語　朝日新聞社

浅海健一郎・安庭香子・野島一彦（2011）. 外国人母親の育児ストレスと精神的健康、および自己開示との関連─日本人母親との比較を通して─　九州大学心理学研究, 12, 147-157.

Asch, S. E. (1946). Forming impressions of personality. *Journal of Abnormal and Social Psychology*, 41, 258-290.

Asian people's friendship society（2012a）. 調査報告書 P.1-P.22（目次・事業概要・アンケート調査結果）Asian people's friendship society　<http://apfs.jp/cms/wp-content/uploads/2012/10/121020- 調査報告書 -WEB 掲載用 -1-22.pdf>（2014 年 1 月 9 日）

Asian people's friendship society（2012b）. 調査報告書 P.23-P.28（ヒアリング調査結果・提言・展望）Asian people's friendship society　<http://apfs.jp/cms/wp-content/uploads/2012/10/121020- 調査報告書 -WEB 掲載用 -23-28.pdf>（2014 年 1 月 9 日）

Berry, J., Poortinga, Y., Breugelmans, S., Chasiotis, A. & Sam, D. (2011). *Cross-*

Cultural Psychology. New York: Cambridge University Press.

Berry, J. W. & Kim, U. (1988). Acculturation and mental health. In P. Dasen, J. W. Berry & N. Sartorius (Ed), *Health and Cross-Cultural Psychology*. London: Sage, pp.207-236.

Born, D. O. (1970). Psychological adaptation and development under acculturative stress: Toward a general model. *Social Science & Medicine*, 3, 529-547.

Cervantes, C., Padilla, M., & Salgado de Snyder, N. (1990). Reliability and validity of Hispanic stress inventory. *Hispanic Journal of Behavioral Sciences*, 12, 76-82.

Chandra, P. S. (2011). Mental health issues related to migration in women. In D. Bhugra & S. Gupta (Ed.), *Migration and mental health*. Cambridge: Cambridge University Press, pp.209-219.

Chen, H.-H., Hwang, F.-M., Tai, C.-J. & Chien, L.-Y. (2013). The interrelationships among acculturation, social support, and postpartum depression symptoms among marriage-based immigrant women in Taiwan: A cohort study. *Journal of Immigrant Minority Health*, 15, 17-23.

Chen, W., Shiao, W.-B., Lin, B. Y.-J. & Lin, C.-C. (2013). Rural and urban married Asian immigrants in Taiwan: Determinants of their physical and mental health. *Journal of Immigrant Minority Health*, 15, 1038-1047.

Chon, K., Choi, S., & Yang, B. (2001). Integrated adaptation of CES-D in Korea. *Korean Journal of Health Psychology*, 6, 59-76.

Chou, F. H.-C., Chen, P.-C., Liu, R., Ho, C.-K., Tsai, K.-Y., Ho, W.-W., Chao, S.-S., Lin, K.-S., Shen, S.-P. & Chen, C.-C. (2010). A comparison of quality of life and depression between female married immigrants and native married women in Taiwan. *Social Psychiatry and Psychiatric Epidemiology*, 45, 921-930.

Chou, W.-J. (2010). Maternal mental health and child development in Asian immigrant mothers in Taiwan. *Journal of the Formosan Medical Association*, 109, 293-302.

Chung, G. H. & Lim, J. Y. (2011). Comparison of marital satisfaction between immigrant wives and Korean wives of Korean men. *Journal of the Korean Home Economics Association*, 49, 33-48.

Collins, C. H., Zimmerman, C. & Howard, L. M. (2011). Refugee, asylum seeker, immigrant women and postnatal depression: Rates and risk factors. *Archives of Women's Mental Health*, 14, 3-11.

Cottrell, A. B. (1990). Cross‐national marriages: A review of the literature. *Journal of Comparative Family Studies*, 21, 151-169.

Cooper, C. L., Cooper, R. D., & Eaker, L. H. (1988). *Living with Stress*. London: Penguin Health.

Delara, M. (2016). Social determinants of immigrant women's mental health. *Advances in Public Health*, Article ID 9730162.doi: org/10.1155/2016/9730162.

Dickerson, B. J. & Frydenlund, E. (2013). 第4章 アメリカ合衆国の移民政策と結婚移住女性 中嶋和夫 (監) 尹 靖水・近藤理恵 (編) グローバル時代における結婚移住女性とその家族の国際比較研究 学術出版会 pp.85-93.

Diener, E., Suh, E. & Oishi, S. (1997). Recent findings on subjective well-being. *Indian Journal of Clinical Psychology*, 24, 25-41.

江畑敬介 (1989). 精神科救急事例となった在日外国人の24自験例の臨床的検討 日本社会精神医学雑誌, 12, 145-153.

Falah-Hassani, K., Shiri, R., Vigod, S. & Dennis, C. L. (2015). Prevalence of postpartum depression among immigrant women: A systematic review and meta-analysis. *Journal of Psychiatric Research*, 70, 67-82.

Finch, B., Frank, R., & Vega, W. (2004). Acculturation and acculturation stress: A social-epidemiological approach to Mexican migrant farmworker's health. *International Migration Review*, 38, 236-262.

藤原ゆかり・堀内成子 (2007). 在日外国人女性の出産—孤独感や疎外感を抱く体験— ヒューマン・ケア研究, 8, 38-50.

深谷 裕 (2002). 在留外国人の文化変容に伴うストレスと抑うつ—新来外国人を中心に— 日本社会精神医学雑誌, 11, 11-19.

福岡欣治 (1999). 友人関係におけるソーシャル・サポートの入手－提供の互恵性と感情状態—知覚されたサポートサポートと実際のサポート授受の観点から— 静岡県立大学短期大学部 研究紀要, 13, 57-70.

福岡欣治・橋本 宰 (1997). 大学生と成人における家族と友人の知覚されたソーシャル・サポートとそのストレス緩和効果 心理学研究, 68, 403-409.

Guruge, S., Collins, E. & Bender, A. (2008). Working with immigrant women: Guidelines for mental health professionals. <http://www.metropolis.net/pdfs/

immi_health/Immigrant%20Mental%20Health%20-%20pgs114-124.pdf>（2016
年6月27日）

Guruge, S., Thomson, M. S., George, U. & Chaze, F. (2015). Social support, social conflict, and immigrant women's mental health in a Canadian context: A scoping review. *Journal of Psychiatric and Mental Health Nursing*, 22, 655-667.

Halpern, D. & Nazroo, J. (2000). The ethnic desity effect: results from a national community survey of England and Wales. *International Journal of Social Psychiatry*, 46, 34-46.

橋本秀実・伊藤　薫・山路由実子・佐々木由香・村嶋正幸・柳澤理子（2011）. 在日外国人女性の日本での妊娠・出産・育児の困難とそれを乗り越える方略　国際保健医療, 26, 281-293.

橋爪きょう子・小畠秀吾・佐藤親次・糞下成子・淺川千秋・森田展彰・中谷陽二（2003）. 在日外国人女性の精神鑑定例―異文化葛藤要因としての出産・育児―犯罪学雑誌, 69, 36-43.

林田幸子・片岡弥恵子（2008）. DV により夫から離れることを決断した在日外国人妊婦の事例　聖路加看護学会誌, 12, 33-40.

東山弘子（2005）. 電話相談員の養成　村瀬嘉代子・津川律子（編）電話相談の考え方とその実践　金剛出版　pp.54-64.

平出重保（2009）. フランスの移民政策の現状と課題. 立法と調査, No.293, 3-11.

平野（小原）裕子（2001）. 九州における在日外国人の精神的健康に関する研究　九州大学医療技術短期大学部紀要, 28, 129-137.

平野（小原）裕子（2003）. 在日外国人の身体的・精神的健康―保健学・看護学的視点から―　福岡醫學雑誌, 94, 241-249.

Holmes, H. T., & Rahe, H. R. (1967). The social readjustment rating scale. *Journal of Psychosomatic Research*, 11, 213-218.

本間友巳（1996）. 外国人児童の学校適応と受け入れを規定する要因　カウンセリング研究, 29, 27-36.

法務省（2006）. 平成17年末現在における外国人登録者統計について <http://www.moj.go.jp/nyuukokukanri/kouhou/press_060530-1_060530-1.html>（2016年6月22日）.

法務省（2011）. 平成22年末現在における外国人登録者数について－第2表, 第3図－　<http://www.moj.go.jp/content/000074951.pdf>（2016年5月17日）.

法務省（2016a）．平成27年末現在における在留外国人数について（確定値）H27. 12月末（確定値）公表資料 <http://www.moj.go.jp/content/001178165.pdf>（2016年5月17日）．

法務省（2016b）．在留外国人統計（旧登録外国人統計）統計表 2015年12月末 <http://www.e-stat.go.jp/SG1/estat/List.do?lid=000001150236>（2016年5月17日）．

法務省（2016c）．帰化許可申請者数，帰化許可者数及び帰化不許可者数の推移 <http://www.moj.go.jp/content/001180510.pdf>（2016年5月18日）．

法務省入国管理局（2014）．外国人労働者の受入れについて <http://www.moj.go.jp/content/000121299.pdf>（2016年5月17日）．

許　莉芬（2010）．異文化適応からみた在日外国人のメンタルヘルスに関する研究—久留米大学病院を受診した外国人花嫁の事例を通して— 比較文化研究論集, 25, 17-27.

Huang, Y. C. & Mathers, N. J. (2008). Postnatal depression and the experience of South Asian marriage migrant women in Taiwan : Survey and semi-structured interview study. *International Journal of Nursing Studies*, 45, 924-931.

Hwang, J.-Y., Lee, S. E., Kim, S. H., Chung, H. W. & Kim, W. Y. (2010). Psychological distress is associated with inadequate dietary intake in Vietnamese marriage immigrant women in Korea. *Journal of the American Dietetic Association*, 110, 779-785.

一條玲香（2012）．日本で暮らす外国出身女性のメンタルヘルスに関する研究 山形大学大学院地域教育文化研究科修士論文（未刊行）．

一條玲香・上埜高志（2014）．外国人相談の傾向と心理的問題を抱える相談－「T 外国人相談センター」における過去9年間の相談記録から 東北大学大学院教育学研究科研究年報, 62, 145-166.

一條玲香（2015）．在住中国人女性の異文化適応における困難とサポート要因—日本人と結婚した中国人女性のPAC分析を通して— 心理臨床学研究, 33, 59-69.

五十嵐善雄（1995）．外国人花嫁と適応—異文化との接触を巡って— 現代のエスプリ, 335, 85-94.

Im, H., Lee, K. Y. & Lee, H. Y. (2014). Acculturation stress and mental health among the marriage migrant women in Busan, South Korea. *Community Mental Health Journal*, 50, 497-503.

Imamura, A. E. (1990). Strangers in a strange land: Coping with Marginality in international marriage. *Journal of Comparative Family Studies*, 21, 171-191.

今村祐子・高橋道子（2004）．外国人母親の精神的健康に育児ストレスとソーシャルサポートが与える影響—日本人母親との比較— 東京学芸大学紀要 1 部門 , 55, 53-64.

伊奈川秀和（2002）．第 1 章 介護政策の分析視角 鬼崎伸好・増田雅暢・伊奈川秀和（編著）世界の介護事情 中央法規出版 pp.9-27.

稲川美也子・渥美智子・星野良一・宮里勝政・大原健士朗（1993）．在日外国人の適応不全—静岡県西部地域在住外国人の精神科受診者の調査より— 臨床精神医学, 22, 159-166.

井上孝代（2001）．留学生の異文化間心理学—文化受容と援助の視点から— 玉川大学出版部

石井香世子（2005）．再生産労働力としての国境を超えた人の移動—既存研究のまとめ— *NUCB Journal of Economics and Information Science*, 49, 397-409.

伊藤るり（2008）．第一章 再生産労働の国際移転とジェンダー秩序の再編—香港の移住家事労働者導入政策を事例として— 伊藤るり・足立眞理子（編著） 国際移動と〈連鎖するジェンダー〉—再生産領域のグローバル化— 作品社 pp.21-46.

伊藤るり・足立眞理子（2008）．序文 伊藤るり・足立眞理子（編著） 国際移動と〈連鎖するジェンダー〉—再生産領域のグローバル化— 作品社 pp.5-17.

江 志遠・顧 佩霊・李 欣曄・李 暁霞・野島一彦（2011）．在日中国人就学生の異文化ストレッサーとソーシャルサポート源がメンタルヘルスに及ぼす影響 臨床心理学研究, 29, 563-573.

自治体国際化協会・地域国際化協会情報（2015）．「平成 27 年度地域国際化協会ダイレクトリー 平成 27 年 11 月発行」自治体国際化協会 2014 年 9 月 <http://rliea.clair.or.jp/directory/pdf/h27.pdf>（2015 年 9 月 10 日）

自治体国際化協会ソウル事務所（2011）．韓国における多文化政策の取組み *CLAIR REPORT*, No.367 <http://www.clair.or.jp/j/forum/pub/docs/367.pdf>（2016 年 6 月 22 日）

周 玉慧（1995）．ソーシャル・サポートの効果に関する拡張マッチング仮説による検討—在日中国留学生を対象として— 社会心理学研究, 10, 196-207.

周 玉慧・深田博己（1996）．ソーシャル・サポートの互恵性が青年の心身の健康に

及ぼす影響　心理学研究, 67, 33-41.

周　王慧・深田博己（2002）．在日中国系留学生に対するソーシャル・サポートに関する研究　社会心理学研究, 17, 150-184.

Kahn, C. (1997). Four women: Immigrants in cross-cultural marriages. In P. H. Elovitz & C. Kahn (Ed), *Immigrant Experiences—Personal Narrative and Psychological Analysis*, Teaneck: Fairleigh Dickinson University Press, pp.199-220.

蛎崎奈津子（2009）．農村にて国際結婚した中国人女性の妊娠・出産時期における家族関係構築プロセス　日本看護研究学会雑誌, 32, 59-67.

川崎千恵・麻原きよみ（2012）．在日中国人女性の異文化における育児経験―困難と対処プロセス―　日本看護研究学会雑誌, 32, 52-62.

金　愛慶・津田友理香（2015）．日本における国際結婚家庭に関する心理社会的支援：在日フィリピン人のDV被害者支援についての一考察　名古屋学院大学論集　社会科学篇, 51, 95-104.

Kim, G. S., Kim, B., Moon, S. S., Park, C. G. & Cho, Y. H. (2013). Correlates of depressive symptoms in married immigrant women in Korea. *Journal of Transcultural Nursing*, 24, 153-161.

Kim, H.-S. (2010). Social integration and health policy issues for international marriage migrant women in South Korea. *Public Health Nursing*, 27, 561-570.

Kim, H. S. & Kim, H. S. (2013). Depression in non-Korean women residing in South Korea following marriage to Korean men. *Archives of Psychiatric Nursing*, 27, 148-155.

Kim, J. A., Yang, S. J., Chee, Y. K., Kwon, K. J. & An, J. (2015). Effect of health status and health behaviors on depression among married female immigrants in south Korea. *Asian Nursing Research*, 9, 125-131.

Kim, J. A., Yang, S. J., Kwon, K. J. & Kim, J. H. (2011). Predictive factor of depression among Asian female marriage immigrants in Korea. *Nursing and Health Sciences*, 13, 275-281.

Kim, Y. A., Choi, S. Y. & Ryu, E. (2010). Social support, stress, and practice of prenatal care in married immigrant women in Korea. *Journal of Transcultural Nursing*, 21, 325-331.

木村護郎クリストフ（2011）．第1章　「共生」への視点としての言語権―多言語的

公共圏に向けて　植田晃次・山下　仁（編著）「共生」の内実　三元社　pp.11-28.

木村真理子（1997a）. 文化変容ストレスとソーシャルサポート―多文化社会カナダの日系女性たち―　東海大学出版会

木村真理子（1997b）. 日本で働く外国人家政婦の生活問題と社会的支援―実態調査をもとに―　基督教社会福祉学研究, 28, 33-37.

木村真理子（1998）. 滞日外国人女性の定住化―多文化共生に伴う生活問題とソーシャルサポート―　基督教社会福祉学研究, 31, 61-69.

桐野匡史・黒木保博・朴　志先（2013）. 東アジアの結婚移住女性とその家族が抱える生活問題　中嶋和夫（監）尹　靖水・近藤理恵（編）グローバル時代における結婚移住女性とその家族の国際比較研究　学術出版会　pp.23-42.

北脇保之（2009）. 外国人受け入れ施策としての外国人相談の位置付けと連携・協働の必要性　シリーズ多言語多文化協働実践研究別冊　外国人相談事業, 2, 4-8.

Kleinman, A. (1980). *Patients and healers in the context of culture : An exploration of the borderland between anthropology, medicine, and psychiatry.* Berkeley: University of California Press.〔クラインマン, A.　大橋英寿・遠山宜哉・作道信介・川村邦光（共訳）（1992）. 臨床人類学―文化のなかの病者と治療者―　弘文堂〕

近藤理恵・尹　靖水（2013）. 欧米諸国・オーストラリアの移民政策と結婚移住女性序論　中嶋和夫（監）尹　靖水・近藤理恵（編）グローバル時代における結婚移住女性とその家族の国際比較研究　学術出版会　pp.82-84.

今野千聖・鈴木正泰・大嵜公一・降旗隆二・高橋　栄・兼板佳隆・大井田隆・内山真（2010）. 日本在住一般成人の抑うつ症状と身体愁訴　女性心身医学, 15, 228-236.

厚生労働省（2016）. 平成 28 年我が国の人口動態（平成 26 年までの動向）<http://www.mhlw.go.jp/toukei/list/dl/81-1a2.pdf>（2016 年 5 月 18 日）

久保真人・田尾雅夫（1994）. 看護婦におけるバーンアウト―ストレスとバーンアウトの関係―. 実験社会心理学研究, 34, 33-43.

Kuo, B., Chong, V. & Joseph, J.（2008）. Depression and its psychosocial correlates among older Asian immigrants in North America: A critical review of two decade' research. *Journal of Aging and Health*, 20, 615-652.

Kuo, S.-F., Chang, W.-Y., Chang, L.-I., Chou, Y.-H. & Chen, C.-M. (2013). The development and psychometric testing of East Asian acculturation scale among Asian immigrant women in Taiwan. *Ethnicity & Health*, 18, 18-33.

桑山紀彦 (1994). 苦悩する外国人花嫁たち—浮かび上がる日本人家族の病理— イマーゴ, 5, 60-73.

桑山紀彦 (1995a). 国際結婚とストレス—アジアからの花嫁と変容するニッポンの家族— 明石書店

桑山紀彦 (1995b). 文化の違いが心の世界に及ぼす影響—精神神経科的アプローチがとらえる外国人患者の深き悩み— 看護学雑誌, 59, 1026-1029.

桑山紀彦 (1998). 外国人花嫁のメンタルヘルス こころの科学, 77, 79-82.

Lazarus, R. S. & Folkman, S. (1984). *Stress, appraisal and coping*. New York: Springer. 〔ラザルス, R. S.・フォルクマン, S. 本明 寛・春木 豊・織田正美 (監訳) (1991). ストレスの心理学—認知的評価と対処の研究— 実務教育出版〕

Lee, S. H., Park, Y. C., Hwang, J., Im, J. J. & Ahn, D. (2014). Mental health of intermarried immigrant women and their children in South Korea. *Journal of Immigrant Minority Health*, 16, 77-85.

李 節子 (2004). 在日外国人女性のドメスティック・バイオレンス被害に対する社会的資源—その現状と課題 財団法人女性のためのアジア平和国民基金委託調査報告書 <http://www.awf.or.jp/pdf/0160.pdf> (2016 年 9 月 12 日)

李 秀英 (2002). 第 14 章 中国 鬼崎伸好・増田雅暢・伊奈川秀和 (編著) 世界の介護事情 中央法規出版 pp.245-258.

李 善姫 (2012). グルーバル化時代の仲介型結婚移民 大西仁・吉原直樹 (監修) 李 善姫・中村文子・菱山宏輔 (編) 移動の時代を生きる—人・権力・コミュニティ— 東信堂 pp.3-41.

李 相哲 (2012). 東アジアのアイデンティティ—日中韓はここが違う 凱風社

李 剣・木村留美子・津田朗子 (2015). 石川県に在住する中国人母親の子育て支援に関する検討 金沢大学つるま保健学会誌, 39, 171-179.

Lin, L.-H. & Hung, C.-H. (2007). Vietnamese women immigrants' life adaptation social support and depression. *Journal of Nursing Research*, 15, 243-254.

松本裕子 (2001). 国際結婚における夫婦関係に関する一考察—フィリピン妻の意識を中心に— 聖徳大学研究紀要 人文学部, 12, 17-22.

松本裕子 (2004). 国際結婚とドメスティック・バイオレンス—アジア系外国人女性の事例を中心に— 聖徳大学研究紀要 人文学部, 15, 55-62.

松岡悦子・小浜正子（編）（2011）．世界の出産―儀礼から先端医療まで― 勉誠出版

松代東亜子（2004）．日本における外国籍女性とドメスティックバイオレンス―アジア人女性への支援現場から― フェミニストカウンセリング研究, 3, 69-80.

McQuaide, S. (1998). Women at midlife. *Social Work*, 43, 21-31.

Mena, J., Padilla, M., & Maldonado, M. (1987). Acculturative stress and specific coping strategies among immigrant and later generation college students. *Hispanic Journal of Behavioral Sciences*, 9, 207-225.

南野奈津子（2016）．移住外国人女性における国際離婚と子育てに関する研究 法政大学大学院紀要, 76, 61-75.

箕浦康子（1984）．子供の異文化体験 新思索社

箕浦康子（1990）．文化の中の子ども 東京大学出版会

宮地尚子（1999）．移住者のメンタルヘルスケア・システム 文化とこころ, 4, 30-37.

三浦正江・上里一郎（2006）．高齢者におけるソーシャルサポート授受と自尊感情、生活充実感の関連 カウンセリング研究, 39, 40-48.

森本寛訓（2006）．医療福祉分野における対人援助サービス従事者の精神的健康の現状と，その維持方策について―職業性ストレス研究の枠組みから― 川崎医療福祉学会誌, 16, 31-40.

モイヤー康子（1987）．心理ストレスの要因と対処の仕方―在日留学生の場合 異文化間教育, 1, 81-97.

Murphy, H. B. M. (1977). Migration, culture and mental health. *Psychological Medicin*, 7, 677-684.

中島和子（2003）．JHL の枠組みと課題：JSL/JFL とどう違うか 母語・継承語・バイリンガル教育研究, プレ創刊号, 1-15.

仲里和花（2015）．日比国際結婚のフィリピン人妻の DV・離婚に関する一考察―沖縄県 A 市在住者の事例を通して― 異文化間教育, 41, 95-110.

夏目　誠・村田　弘（1993）．ライフイベント法とストレス度測定 公衆衛生研究, 42, 402-412.

Nazroo, J. & IIey, K. (2011). Ethnicity, migration and mental health among migrants. In Bhugra, D. & Gupta, S. (Ed.), *Migration and mental health* (pp.79-97). Cambridge: Cambridge University Press.

Nho, C. R., Park, K. H., Kim, M. Y., Choi. M. J. & Ahn, A. (2008). Trends of studies on Southeast Asian women married to Korean men. EASP 5th Conference. Welfare Reform in East Asia. Paper Session 4, Stream 2 <http://www. welfareasia.org/5thconference/papers/Nho%20C_southeast%20asian%20 women.pdf> (2016年9月2日)

野田文隆・倉林るみい・高橋智美・野内　類・鵜川　晃・吉田尚志・近藤　州・野口正行 (2009). 日本に暮らす外国人のメンタルヘルス上の Help-seeking 行動の研究 (第1報) ―カンボジア人のメンタルヘルスの概念と対処行動― こころと文化, 8, 154-167.

Noh S, Wu Z & Avison WR. (1994). Social support and quality of life; Sociocultural similarity and effective social support among Korean immigrants. In R. Fitzpatrick (Ed.), *Quality of Life in Health Care*. Greenwich: JAI Press, pp.115-137.

Noorfarah, M. (2008). Theoretical frameworks for studying female marriage migrants. *Psychology of Women Quarterly*, 32, 281-289.

ノーラ　コーリ (2005). 海外での出産・子育て―お母さん体験談を中心に― 小児科臨床, 58, 1253-1260.

Norma, R., Hector, M., Consuelo, B., Thomas, F. & Loretta, G. (2002). Development of the multidimensional acculturative stress inventory for adults of Mexican Origin. *Psychological Assessment*, 14, 451-461.

野内　類・飯田敏晴・阿部　裕・井上孝代・平野 (小原) 裕子・野田文隆 (2010). 日本に暮らす外国人のメンタルヘルス上の Help-seeking 行動の研究 (第3報) ―ペルー人のうつと統合失調症の概念と対処行動― こころと文化, 9, 118-129.

奴田原敏泰・柿澤澄夫・関　聡介・塩原良和 (2008). 市民はどう動いているのか-外国人相談の現場から- シリーズ多言語・多文化協働実践研究　越境する市民活動―外国人相談の現場から―, 3, 44-62.

落合恵美子・カオ　リー　リャウ・石川義孝 (2007). 日本への外国人流入からみた国際移動の女性化―国際結婚を中心に― 石川義孝 (編著)　人口減少と地域 京都大学学術出版会　pp.291-319.

OECD (2009). Height. *Society at a Glance 2009: OECD Social Indicators*, Paris: OECD Publishing, pp.110-111.

OECD (2012). Health Indicators. *Society at a Glance: Asia/Pacific 2011*, Paris:

引用文献

OECD Publishing, pp.73-83.

OECD (2013). Foreign population <https://data.oecd.org/migration/foreign-population.htm#indicator-chart> （2016 年 11 月 24 日）

小ヶ谷千穂（2013）．移動の女性化（フェミナイゼーション）　吉原和男（編者代表）蘭信三・伊豫谷登士翁・塩原良和・関根政美・山下晋司・吉原直樹（編）　人の移動事典―日本からアジアへ・アジアから日本へ―　丸善出版　pp.140-141.

大橋敏子（2008）．外国人留学生のメンタルヘルスと危機介入　京都大学学術出版会

岡田佳詠・李　節子（1995）．在日外国人精神保健研究の動向―対応・援助に関する内容の検討を中心に―　日本精神保健看護学会誌, 4, 72-80.

大西　守（2003）．在日外国人のメンタルヘルス　教育と医学, 51, 79-84.

大西　守・中川種栄・小野和也・檜山俊夫・野賀政史（1993）．在留外国人精神障害者の最近の動向　精神科治療学, 8, 1437-1445.

大西　守・大滝紀宏・中山和彦・清水　信（1987）．在留外国人精神障害者の臨床精神医学的研究　臨床精神医学, 16, 883-890.

大西　守・山寺　亘・中山和彦（1995）．国際結婚例における心身医学的問題　心身医学, 35, 229-233.

大野順子（2013）．多文化社会におけるシティズンシップ形成に関する一考察―移民・移住女性の語りから―　多文化関係学, 10, 3-17.

大野順子（2015）．多文化社会におけるシティズンシップについての検討―移民・移住女性への聞き取り調査を通して―　関西大学大学院文学研究科学位論文　<http://kuir.jm.kansai-u.ac.jp/dspace/bitstream/10112/9813/1/KU-0010-20150331-06.pdf> （2016 年 11 月 12 日）

大沢周子（1989）．バイリンガル・ファミリー―国際結婚の妻たち―　筑摩書房

Ozeki, N., Ushijima, H., Knowles, A., & Asada, Y. (2006). Analyses of transcultural stress factors and the mental well-being of female foreign residents in Japan. *Japanese Society of Psychosomatic Obstetrics and Gynecology*, 11, 141-151.

Park, M & Park B.-H. (2013). Influence of acculturative stress of married migrant women on marriage satisfaction: The mediating effect of problem-solving ability and information support. *Asian Social Work and Policy Review*, 7, 44-60.

Park, M. H., Yang, S. J. & Chee, Y. K. (2016). The revised stress measurement of female marriage immigrants in Korea: Evaluation of the psychometric properties. *Women & Health*, 56, 395-412.

Papazyan, A., Bui, N. & Der-Karabetian, A. (2016). Life satisfaction, acculturative stress, ethnic identity, and gender role attitudes among Armenian American women. *American International Journal of Contemporary Research*, 6, 10-21.

Radloff, L. S. (1977). The CES-D scale: A self-report depression scale for research in general population. *Applied Psychological Measurement*, 1, 385-401.

Rodriguez, N., Myers, H., Mira, C. B., Flores, T. & Garceia-Hernandez, L. (2002). Development of the multidimensional acculturative stress inventory for adults of Mexican origin. *Psychological Assessment*, 14, 451-461.

Ross, L. (1977). The intuitive psychologist and his shortcomings: Distortions in the attribution process. *Advances in experimental social psychology*, 10, 173-220.

賽漢卓娜（2011）．国際移動時代の国際結婚―日本の農村に嫁いだ中国人女性― 勁草書房

坂井惠子（2005）．看護教員のストレス要因を測定するストレッサー尺度の開発―専修学校の看護教員を対象として― 日本看護研究学会雑誌, 28, 25-35.

Salgado de Snyder, V. N, Cervantes RC, & Padilla, AM (1990). Gender and ethnic difference in psychosocial stress and generalized distress among Hispanics. *Sex Role*, 22, 441-453.

佐竹眞明・ダアノイ　メアリー　アンジェリン（2006）．フィリピン日本国際結婚―移住と多文化共生― めこん

サトウタツヤ（2015）．複線経路等至性アプローチ（TEA）　安田裕子・滑田明暢・福田茉莉・サトウタツヤ（編）　TEA 理論編―複線経路等至性アプローチの基礎を学ぶ― 新曜社　pp.4-8.

瀬井陽子（2013）．日本語学習を通して見える学習者の「自己実現」の過程―国際結婚を機に来日した上海出身女性のケース・スタディ― 待兼山論叢, 47, 71-87.

石　明寛・石　正道・高橋文成・坂井敬造・吉田耕治・柏村正道（2004）．外国人産婦の分娩直後の心理についての研究. 産科と婦人科, 71, 239-243.

関　聡輔（2008）．行政協会を越えた連携・協働の一場面としての「外国人相談」シリーズ多言語・多文化協働実践研究　越境する市民活動―外国人相談の現場から―, 3, 23-29.

Seligman, M. E. P., & Csikszentmihalyi, M. (2000). Positive psychology: An introduction. *American Psychologist*, 55, 5-14.

Shu, B.-C., Lung, F.-W. & Chen, C.-H. (2011). Mental health of female foreign spouses in transnational marriages in southern Taiwan. *BMC Psychiatry*, 11, DOI: 10.1186/1471-244X-11-4.

宿谷京子 (1988). アジアからきた花嫁―迎える側の論理― 明石書店

園田智子 (2010). 群馬県における外国人相談の現状と課題―地域の外国人を支える相談員へのインタビューから― 群馬大学国際教育・研究センター論集, 9, 69-79.

総務省 (2006). 多文化共生の推進に関する研究会 報告書 <http://www.soumu.go.jp/kokusai/pdf/sonota_b5.pdf> (2016 年 5 月 17 日).

総務省 (2013).「平成 24 年末現在における在留外国人数について (速報値)」 総務省 2013年3月18日 <http://www.moj.go.jp/nyuukokukanri/kouhou/nyuukokukanri04_00030.html> (2013 年 12 月 12 日)

総務省統計局 (2012). 平成 22 年国勢調査 職業等基本集計結果 結果の概要 <http://www.stat.go.jp/data/kokusei/2010/kihon3/pdf/gaiyou.pdf> (2016 年 11 月 22 日).

総務省統計局 (2015). 人口推計 (平成 26 年 10 月 1 日現在) - 全国:年齢 (各歳), 男女別人口・都道府県:年齢 (5 歳階級), 男女別人口 - <http://www.stat.go.jp/data/jinsui/2014np/index.htm#a05k26-a> (2016 年 5 月 17 日).

総務省統計局 (2016). 平成 27 年国勢調査 人口速報集計結果 全国・都道府県・市町村別人口及び世帯数 <http://www.stat.go.jp/data/kokusei/2015/kekka/pdf/gaiyou.pdf> (2016 年 11 月 17 日)

杉澤経子 (2008).「東京外国人支援ネットワーク」の事例から シリーズ多言語・多文化協働実践研究 越境する市民活動―外国人相談の現場から―, 3, 20-22.

杉澤経子 (2009). 外国人相談 実践的考察 多言語・専門家対応の仕組みづくり―連携・協働・ネットワークの視点― シリーズ多言語・多文化協働実践研究 別冊 外国人相談事業, 2, 9-48.

杉山章子・大西 守・森山 成・江畑敬介 (1994).外国人精神障害者の受診実態―全国医療機関へのアンケートから― 臨床精神医学, 23, 1323-1329.

鈴木一代 (2012). 成人期の文化間移動と文化的アイデンティティ―異文化間結婚の場合― ナカニシヤ出版

鈴木よしみ (2006). 韓国からの赤い糸 日本文学館

田垣正晋 (2009). 第 5 章 第 3 節 ライフストリー研究からみた TEM サトウタ

ツヤ（編著）TEM ではじめる質的研究—時間とプロセスを扱う研究をめざして
　　—　誠信書房　pp.138-144.

高井次郎（1989）. 在日外国人留学生の適応研究の総括　名古屋大學教育學部紀要,
　　36, 139-147.

武田里子（2011）. 村の国際結婚再考—結婚移住女性と農村の社会変容—　めこん

譚　紅艶・渡邊　勉・今野裕之（2011）. 在日外国人留学生の異文化適応に関する心
　　理学的研究の展望　目白大学心理学研究, 7, 95-114.

田中共子（2005）. 異文化ストレス　ストレス科学, 19, 230-236.

田中共子・高井次郎・神山貴弥・村中千穂・藤原武弘（1990）. 在日留学生の適応に
　　関する研究（1）—異文化適応尺度の因子構造の検討—　広島大学総合科学部
　　紀要Ⅲ, 14, 77-94.

田中宏二（1997）. ソーシャルサポート　日本健康心理学会（編）　健康心理学辞典
　　実務教育出版　p.191

田尾雅夫・久保真人（1996）. バーンアウトの理論と実際—心理学的アプローチ—
　　誠信書房

富谷玲子・内海由美子・斉藤祐美（2009）. 結婚移住女性の言語生活—自然学習によ
　　る日本語能力の実態分析—　多言語多文化 実践と研究, 2, 116-137.

辻丸秀策・福山祐夫（2003）. 多文化する多文化間ストレスと比較・社会精神医学—
　　久留米大学病院における過去 19 年間の外国人受診者の動向と比較・文化精神
　　医学およびメンタルヘルスに関する研究—　比較文化年報, 12, 1-24.

辻本昌弘（1998）. 文化間移動によるエスニック・アイデンティティの変容過程：南
　　米日系移住地から日本への移民労働者の事例研究　社会心理学研究, 14, 1-11.

鶴岡章子（2008）. 在日外国人母の妊娠, 出産および育児に伴うジレンマの特徴　千
　　葉看護学会雑誌, 14, 115-123.

堤　明純・萱場一則・石川鎮清・苅尾七臣・松尾仁司・詫摩衆三（2000）. Jichi
　　Medical School ソーシャルサポートスケール（JSS-SSS）改定と妥当性・信頼性
　　の検討　日本公衆衛生雑誌, 47, 866-878.

堤　かなめ・堤　明純・松崎百合子・平野（小原）裕子（1999）. 移住女性のメンタ
　　ルヘルスと心理社会的要因—1998 年福岡県における調査より—　九州国際大
　　学教養研究, 6, 101-116.

鵜川　晃・野田文隆・手塚千鶴子・松岡秀明・Soma Ganesan（2010）. 日本に暮ら
　　す外国人のメンタルヘルス上の Help-seeking 行動の研究（第 2 報）—ベトナム

人のメンタルヘルスの概念と対処行動—　こころと文化, 9, 56-68.

歌川孝子・丹野かほる (2008). 在日外国人の異文化ストレスに関する研究の動向—
異文化ストレスの実態と地域保健活動の課題—　新潟大学医学部保健学科紀
要, 9, 131-137.

王　寧霞 (2005). 日中国際結婚に関する研究　鹿児島大学医学雑誌, 56, 35-43.

渡辺文夫・大塚啓輔 (1979). 日本における異文化間心理学の研究動向 (1960-1979)
心理学評論, 22, 247-277.

魏　薇 (2015). 国際結婚家族における外国人母親の生活と子育てネットワーク　教
育福祉研究, 20, 107-119.

ウ　シンイン (2010). 台湾における結婚移民女性に関する動向と支援策　東京大学
大学院教育学研究科紀要, 50, 23-33.

矢吹理恵 (2011). 国際結婚の家族心理学—日米夫婦の場合—　風間書房

山中早苗・中村安秀 (2013). 就学前児をもつ外国人母親の社会的ネットワークと子
育てに対するソーシャルサポート　小児保健研究, 72, 97-103.

矢永由里子 (2004). 外国人のこころの支援に対する国際交流協会の活動—NPO と
公的機関の間に位置する事業として—　こころと文化, 3, 16-21.

Yang, Y.-M., Wang, H.-H. & Anderson, D. (2010). Immigration distress and
associated factors among Vietnamese women in transnational marriages in
Taiwan. *The Kaohsiung Journal of Medical Science*, 26, 647-657.

Yang, Y.-M. & Wang, H.-H. (2011a). Acculturation and health- related quality of life
among Vietnamese immigrant women in transnational marriages in Taiwan.
Journal of Transcultural Nursing, 22, 405-413.

Yang, Y.-M. & Wang, H.-H. (2011b). Cross-cultural comparisons of health-related
quality of life between Taiwanese women and transnational marriage
Vietnamese women in Taiwan. *Journal of Nursing Research*, 19, 44-52.

安田裕子 (2015). まえがき　安田裕子・滑田明暢・福田茉莉・サトウタツヤ (編)
TEA 実践編—複線経路等至性アプローチを活用する—　新曜社　pp.i-iv.

横田祥子 (2008). グローバル・ハイパガミー？—台湾に嫁いだベトナム人女性の事
例から—　異文化コミュニケーション研究, 20, 79-110.

尹　靖水 (2002). 第 13 章　韓国　鬼崎伸好・増田雅暢・伊奈川秀和 (編著) 世界の
介護事情　中央法規出版　pp.224-244.

尹　靖水 (2013). 第 5 章　カナダの移民政策と結婚移住女性　中嶋和夫 (監) 尹　靖

水・近藤理恵（編）グローバル時代における結婚移住女性とその家族の国際比較研究　学術出版会　pp.98-115.

尹 靖水・朴 志先・鄭 英祚・金 貞淑・中嶋和夫（2012）．韓国の多文化家族における外国人妻の日常生活に関連した苛々感と精神的健康の関係　評論・社会科学, 102, 23-37.

吉田真奈美・春名めぐみ・大田えりか・渡辺悦子・Uayan Maria Luisa T・村嶋幸代（2009）．在日フィリピン人母親が子育てで直面した困難と対処　母性衛生, 50, 422-430.

吉田正紀（2010）．異文化結婚を生きる—日本とインドネシア／文化の接触・変容・再創造—　新泉社

楊 文潔・江守陽子（2010）．在日中国人母親の育児ストレスに関する研究　日本プライマリ・ケア連合学会誌, 33, 101-109.

Zhang, J., Wu, Z., Fang, G., Li, J., Han, B. & Chen, Z. (2010). Development of Chinese age norms of CES-D in urban area. *Chinese Mental Health Journal*, 24, 139-143.

鄭 楊（2006）．在日中国人家庭の育児形態に関する一考察—関西在住中国人家庭の育児援助の事例から—　都市文化研究, 8, 72-87.

資料

質問紙（第6・7章）
①日英併記
②中国語
③韓国語

チェックリスト① 異文化ストレス

Checklist① acculturative stress

以下の項目は 2 つの文化のなかで生きるときのストレスです。あなたはこの3ヶ月間で以下のストレスをどれくらい感じましたか?

The following questions ask about your stress related to living in between two cultures.
How much have you felt the following distress <u>during the last 3 months</u>?

			全く感じない Not at all	あまり感じない Slightly	まあ感じる Moderately	非常に感じる Extremely	
A	①	ホームシックhome sick	1	2	3	4	The sum of A　Aの合計
	②	母国の家族や友だちが気になる thinking about my family and friends in my home country	1	2	3	4	
	③	母国とつながりを失うことlosing connection with home country	1	2	3	4	
	④	母語を話す機会が少ないこと little opportunity to speak my native language	1	2	3	4	
B	⑤	日本語を話すことが難しいdifficult to speak Japanese	1	2	3	4	The sum of B　Bの合計
	⑥	日本語を聞き取ることが難しいdifficult to listen to Japanese	1	2	3	4	
	⑦	日本語を読むことが難しいdifficult to read Japanese	1	2	3	4	
	⑧	日本語を書くことが難しいdifficult to write Japanese	1	2	3	4	
C	⑨	母国の文化（習慣、宗教、価値観など）が理解されない others don't understand my country's culture (custom, religion, value, etc.)	1	2	3	4	The sum of C　Cの合計
	⑩	日本の文化（習慣、宗教、価値観など）を理解することが難しい difficult to understand Japanese culture (custom, religion, value, etc.)	1	2	3	4	
	⑪	外国人であるがゆえに、家族・親戚づきあいに悩む worrying about relationship with family and relatives because I am a foreigner.	1	2	3	4	
	⑫	外国人であるがゆえに、職場や近所のつきあいに悩むworrying about relationship with coworkers and neighbors because I am a foreigner	1	2	3	4	
D	⑬	ビザや国籍などに関わること things related to visa and citizenship	1	2	3	4	The sum of D　Dの合計
	⑭	外国人であるがゆえに、老後、日本で生活すること worrying about living in Japan after retirement because I am a foreigner	1	2	3	4	
	⑮	外国人であるがゆえに、職を得ることが難しい difficult to get a job because I am a foreigner	1	2	3	4	
	⑯	差別されていると感じること discriminated against	1	2	3	4	
E	⑰	日本食が合わない Japanese food doesn't suit my palate	1	2	3	4	The sum of E　Eの合計
	⑱	母国の食材が手に入らない not being able to get ingredients from my home country	1	2	3	4	
	⑲	日本の気候が合わない Japanese climate doesn't suit me	1	2	3	4	
	⑳	日本の住環境が合わない Japanese environment doesn't suit me	1	2	3	4	

資　料

チェックリスト②　ストレスレベル
Checklist②　Stress　Level

日本語版 CES-D Scale は千葉テストセンターより発行されているため
日英併記のチェックリスト②ストレスレベルは記載しない

アンケート調査ご協力のお願い
Research Participant Information and Consent

私は現在、海外から日本に来られて生活されている方が異文化（日本社会）の中で、どのようなストレスや困難を抱え、それにどのように対処しながら生活をしているのかという研究をしています。

調査は、外国出身の方々を対象としています。調査は学術的貢献を目的とし、個人の利益を追求するものではありません。アンケートは無記名です。お答えいただいた結果は統計的に処理し、その情報が外部に漏れることは一切ありません。

調査データは、統計処理をして用いるため、できるだけ多く集めたいと考えています。一人でも多くの方々にご協力いただけましたら幸いです。しかし、アンケートへ記入していただけるかどうかはご自由に判断していただいてかまいません。ご協力いただけない場合は、記入は不要です。

ご協力いただける方は、次のページへお進みください。

The purpose of this study is to collect information about how people from oversea experience stress and difficulties, and cope with them in Japanese society every day.

You are eligible to participate in this study if you are an individual born in a foreign country and currently live in Japan. The information collected will only be used to contribute to the academic society, and never for the individual benefit of the researchers. Your responses will be anonymous and confidential, as they will be analyzed statistically. Thus, no one will know how you have answered the questions outside of the research team.

We very much hope to have as many people as possible to participate in this study. However, your participation is completely voluntary. You do not have to fill in your responses if you do not wish to participate in this study.

If you agree to participate in this study, please go ahead to the next page.

資　料

I　はじめに　Introduction

あてはまる番号に○をつけるか、お答えを記入してください。

Please answer the following question by filling in the blanks or circling the most appropriate response.

1.　年齢 Age ＿＿＿＿＿＿＿＿＿＿才 years old

2.　性別 Gender ①女 female　②男 male

3.　日本在住歴 How long have you lived in Japan? ＿＿＿＿＿＿＿＿年目 years

4.　出身国 National origin

①中国 China　②韓国 Korean　③フィリピン Philippine　④ブラジル Brazil　⑤タイ Thai
⑥その他 others（具体的に specify: ＿＿＿＿＿＿＿＿＿＿＿＿＿＿＿＿＿）

5.　在留資格 Status of residence

① 日本国籍　②永住　③日本人の配偶者　④定住　⑤家族滞在
Japanese national　Permanent resident　Spouse of Japanese national　Long term resident　Dependent
⑥その他 others（具体的に specify: ＿＿＿＿＿＿＿＿＿＿＿＿＿＿＿）

6.　日本語能力 Japanese language proficiency

① 全くわからない　②単語程度　③片言の会話　④日常生活には困らない　⑤通訳や翻訳ができる
Cannot speak at all　Only some words　Broken Japanese　No difficulty in daily life　Can interpret or translate

7.　職業 Occupation

① 無職（主婦）　②パート・アルバイト（非常勤の通訳・相談員）
Not employed (homemaker)　Part-time job(a part-time interpreter or consultant of Foreigner's support center)
③会社員 Employed full-time job　④自営業 Self-employed bussiness　⑤その他 others

8.　学歴 Highest level of education completed

①中学卒　②高校卒　③短大・専門学校卒　④大学卒　⑤大学院卒　⑥その他
Junior high school　High school　associate degree　Bachelor　Master/Doctor　others

9. 結婚の状況 Marital status

①結婚している
Married

②離婚・死別
Divorced/Widowed

③独身→12 へ
Never married (→skip to Question12)

10. 配偶者（元配偶者）の出身国 National origin of your spouse or formerly-married spouse

①日本 Japanese

②自分と同じ国 Same country as yours

③その他 Others

11. 配偶者（元配偶者）とどのようにして出会いましたか。
How did you come to know your spouse or formerly-married spouse?

①学校・職場
At school or office

②友人をとおして
Through friends

③家族をとおして
Through family

④結婚紹介所
A matrimonial agency

⑤その他
Others

12. お子さんはいますか？
Do you have children?

①いる Yes

②いない No

13. ご自身やご家族が心の問題（深刻な悩み）を抱えたとき、相談するとしたらどこに相談すると思いますか（複数選択可）。
When you or your family have mental health problems or serious problems, who do you talk to? (Circle as many responses as appropriate.)

①日本の家族
Family in Japan

②母国の家族
Family in your country

③日本にいる友人（日本人）
Friends in Japan (Japanese)

④日本にいる友人（同国人）
Friends in Japan (Friends of the same origin)

⑤日本にいる友人（日本人・同国人以外）
Friends in Japan (Friends of the other origin)

⑥母国の友人
Friends in your country

⑦宗教関係者
Religious people

⑧専門の相談機関や病院など
Professional consultation center or hospital

⑨行政の相談窓口
Governmental consultation center

⑩外国人相談
Foreigner's support center

⑪その他
Others

⑫相談しない
Nobody

資　料

Ⅱ　友だちについて About your friends

1. 以下の友だちと会ったり、メールしたり、電話するなどしてどのくらい交流していますか？ How often do you meet with, send mails, or call the following friends?	ない	あまりない	まあある	頻繁にある
	Not at all	Rarely	Sometime	Very often
① 日本人の友だち Japanese friends	1	2	3	4
② 同じ出身国の友だち Friends of the same origin	1	2	3	4
③ 同じ出身国ではない外国人の友だち Friends of the other origin	1	2	3	4
④ 母国にいる友だち Friends in your country	1	2	3	4

2. あなたと日本にいる友だちとの関係についての質問です。それぞれの項目について、あてはまる番号に○をしてください。 The followings are the statements about a relationship between you and your friends in Japan. Please circle the most appropriate number for each statement	まったくそうは思わない	あまりそうは思わない	まあそう思う	非常にそう思う
	Strongly disagree	Somewhat disagree	Somewhat agree	Strongly agree
① あなたに何か困ったことがあって、自分の力ではどうしようもないとき、助けてくれる When you are in trouble and cannot help yourself, your friends help you.	1	2	3	4
② 物事をいろいろよく話し合って、一緒にとりくんでゆける Your friends talk through with you and tackle your problems together.	1	2	3	4
③ あなたが経済的に困っているときに、頼りになる When you face financial difficulties, your friends are reliable.	1	2	3	4
④ あなたが病気で寝込んだときに、身の回りの世話をしてくれる When you are down with sickness, your friends take care of you.	1	2	3	4
⑤ 引っ越しをしなければならなくなったときに、手伝ってくれる When you have to move to a new home, your friends help you.	1	2	3	4
⑥ 家事をやったり、手伝ったりしてくれる Your friends help you with housework.	1	2	3	4
⑦ 気持ちが通じ合う You and Your friends understand each other's feeling.	1	2	3	4
⑧ あなたの喜びを我がことのように喜んでくれる Your friends feel your happiness like theirs.	1	2	3	4
⑨ お互いの考えや将来のことなどで話し合うことができる Your and your friends talk about ideas and future together.	1	2	3	4
⑩ 友だちがいるので孤独ではないと思う You do not feel lonely because you have your friends.	1	2	3	4

3. あなたは、日本にいる友だちに以下のことについてどれくらいしてあげていると思いますか。それぞれの項目について、あてはまる番号に〇をしてください。

How much do you do the following statement for your friends in Japan? Please circle the most appropriate number for each statement.

	まったくそうは思わない / Strongly disagree	あまりそうは思わない / Somewhat disagree	まあそう思う / Somewhat agree	非常にそう思う / Strongly agree
① 友だちに何か困ったことがあって、自分の力ではどうしようもないとき、助けてあげる When your friends are in trouble and cannot help themselves, you help them.	1	2	3	4
② 物事をいろいろよく話し合って、一緒に取り組んであげる You talk through with your friends and tackle their problems together.	1	2	3	4
③ 友だちが経済的に困っているときに、あなたは頼りになる存在だ When your friends face financial difficulties, you are reliable.	1	2	3	4
④ 友だちが病気で寝込んだときに、身の回りの世話をしてあげる When your friends are down with sickness, you take care of them.	1	2	3	4
⑤ 引っ越しをしなければならなくなったときに、手伝ってあげる When your friends have to move to a new home, you help them.	1	2	3	4
⑥ 家事をやったり、手伝ったりしてあげる You help your friends with their housework.	1	2	3	4
⑦ 友だちの気持ちを理解してあげる You understand their feeling.	1	2	3	4
⑧ 友だちの喜びを我がことのように喜んであげる You feel your friend's happiness like yours.	1	2	3	4
⑨ あなたは、友だちとお互いの考えや将来のことなどで話合う You talk about ideas and future together.	1	2	3	4
⑩ 友だちは、あなたがいるので孤独ではないと思う Your friends do not feel lonely because they have you.	1	2	3	4

Ⅲ 日本での生活の満足度 A degree of satisfaction with life in Japan	とても不満 / Very unsatisfied	少し不満 / Somewhat unsatisfied	まあ満足 / Somewhat satisfied	とても満足 / Very satisfied
① 家庭生活 Your life at home	1	2	3	4
② 生活水準 Standard of living	1	2	3	4
③ 社会生活（仕事や社会参加など）Social life(job, social participation, etc.)	1	2	3	4
④ 友人関係 Relationship with your friends	1	2	3	4
⑤ 余暇 Leisure	1	2	3	4

アンケートは以上です。ご協力ありがとうございました。
End of Survey. Thank you very much for your cooperation.

IV　インタビューのお願い Additional question: request for an interview

　今後インタビュー調査も行う予定です。インタビューにご協力いただける場合は、以下の欄にご記入ください。（インタビューは、直接会ってお話をお聞きします。2～3回に分けておこないます）

I am planning to conduct an interview to further investigate this topic. If you are willing to participate in the interview, please fill out the following.（A interview is face-to-face. for 2 or 3 times）

お名前 Name			
連絡先 Your contact （電話番号、メールアドレス等 Telephone number or E-mail address）			
使用言語 Language use	①日本語で可能 Japanese	②母語が望ましい Native Language	③その他 others （　　　　　　　）

5

问题清单①　跨文化压力

		以下项目是关于在两种文化中生活时所感受到的压力。最近三个月之间你在多大程度上感受到了以下各种压力？	完全没有感受到	基本没有感受到	稍微感受到	强烈感受到	
A	①	想家	1	2	3	4	
	②	挂念祖国的家人和朋友	1	2	3	4	
	③	失去与祖国的联系	1	2	3	4	A 的合计
	④	很少有机会说母语	1	2	3	4	
B	⑤	说日语很难	1	2	3	4	
	⑥	听懂日语很难	1	2	3	4	
	⑦	读日语很难	1	2	3	4	B 的合计
	⑧	写日语很难	1	2	3	4	
C	⑨	祖国的文化（习惯、宗教、价值观等）不能得到理解	1	2	3	4	
	⑩	难于理解日本的文化（习惯、宗教、价值观等）	1	2	3	4	
	⑪	由于自己是外国人的缘故，对于和家人、亲戚的来往感到苦恼	1	2	3	4	C 的合计
	⑫	由于自己是外国人的缘故，对于和单位、近邻的人来往感到苦恼	1	2	3	4	
D	⑬	烦恼与签证、国籍等相关的事情	1	2	3	4	
	⑭	由于自己是外国人的缘故，担心在日本的养老问题	1	2	3	4	
	⑮	由于自己是外国人的缘故，找工作很难	1	2	3	4	D 的合计
	⑯	感觉受到歧视	1	2	3	4	
E	⑰	日本的吃的不合口味	1	2	3	4	
	⑱	无法买到祖国的食材	1	2	3	4	
	⑲	不适应日本的气候	1	2	3	4	E 的合计
	⑳	不适应日本的居住环境	1	2	3	4	

資　料

问题清单②　压力水平

接下来将询问您一周内的身心状态。请评定1周内以下症状出现的程度，在符合的答案上画〇。	1周内			
	没有出现	1～2天	3～4天	5天以上
1. 我最近烦一些原来不烦心的事	A	B	C	D
2. 我不想吃东西，胃口不好	A	B	C	D
3. 我觉得沮丧，就算有家人和朋友帮助也不管用	A	B	C	D
4. 我觉得自己不比别人差	D	C	B	A
5. 我不能集中精力做事	A	B	C	D
6. 我感到消沉	A	B	C	D
7. 我觉得做每件事都费力	A	B	C	D
8. 我感到未来有希望	D	C	B	A
9. 我觉得一直以来都很失败	A	B	C	D
10. 我感到害怕	A	B	C	D
11. 我睡不安稳	A	B	C	D
12. 我感到快乐	D	C	B	A
13. 我讲话比平时少	A	B	C	D
14. 我觉得孤独	A	B	C	D
15. 我觉得人们对我不友好	A	B	C	D
16. 我生活愉快	D	C	B	A
17. 我哭过或想哭	A	B	C	D
18. 我感到悲伤难过	A	B	C	D
19. 我觉得别人不喜欢我	A	B	C	D
20. 我提不起劲儿来做事	A	B	C	D

得分	结果
B 的个数（　　）个×1＝	
C 的个数（　　）个×2＝	
D 的个数（　　）个×3＝	
合计	

197

问卷调查

　　我现在所进行的研究是关于，从海外来到日本生活的外国人在跨文化环境中（日本社会），会遇到怎样的困难，感受到怎样的压力以及如何进行处理的。

　　本问卷调查的对象为在日本生活的外国人。本研究旨在学术方面有所贡献，不追求个人私利。问卷为匿名回答。回答的结果都将进行统计处理，并且严格保密。

　　本调查所得数据将进行统计处理，所以希望获得更多的有效数据。虽然希望获得更多人的回答，但是大家可以自由选择是否参与。如果不想参加则无需作答。

　　如果您同意参加本次调查，请进入下一页。

资　料

Ⅰ　基本信息

请在符合您情况的选项上画〇，或填写相应内容。

1. 年龄　　　　　　　　　　　　　　　　　　　　　　　　　　＿＿＿＿＿＿＿＿＿ 岁

2. 性别　　　　　　　　　　　　　　　　　　　　　　　① 女　　② 男

3. 在日年限　　　　　　　　　　　　　　　　　　　第＿＿＿＿＿＿＿＿＿年

4. 出身国家
   ① 中国　　　　② 韩国　　　　③ 菲律宾　　　④ 巴西　　　　⑤ 泰国
   ⑥ 其他（具体为＿＿＿＿＿＿＿＿＿＿＿＿＿＿＿＿＿＿＿＿＿＿＿＿＿＿＿＿）

5. 在留资格
   ① 日本国籍　　② 永住　　　　③ 日本人的配偶　④ 定住　　　　⑤ 家族在留
   ⑥ 其他（具体为＿＿＿＿＿＿＿＿＿＿＿＿＿＿＿＿＿＿＿＿＿＿＿＿＿＿＿＿）

6. 日语能力
   ① 完全不懂　　② 懂得一些单词　③ 懂得一点会话　④ 可以应付日常　⑤ 可以进行翻译
   　　　　　　　　　　　　　　　　　　　　　　　　　生活

7. 职业
   ① 無職業(家庭主妇)　　　② 打零工（翻译、咨询员等）　　　③ 公司职员
   ④ 个体经营　　　　　　　⑤ 其他

8. 学历
   ① 初中毕业　　② 高中毕业　　③ 短大、专门学　④ 大学毕业　　⑤ 研究生、博士
   　　　　　　　　　　　　　　　校毕业　　　　　　　　　　　　毕业
   ⑥ 其他

9. 婚姻状况
   ① 已婚　　　　　　　② 离婚、丧偶　　　　　　③ 未婚单身→12 题

10. 配偶(原配偶)的出身国家
    ① 日本　　　　　　　② 与自己同一国家　　　　③ 其他

1

199

11. 与配偶（原配偶）是如何相识的？
　　① 学校、工作单位　　　② 通过朋友介绍　　　③ 通过家人介绍　　　④ 婚姻介绍所
　　⑤ 其他

12. 有孩子吗？　　　　　　　　　　　　　　　　　　　　①有　　　②没有

13. 如果您或您的家人有了心理方面的困扰(严重的心理困扰)希望找人咨询时，会找什么人或机构咨询呢？（可多选）

　　① 日本的家人　　　　　　　　　　　　⑦ 宗教相关人士
　　② 祖国的家人　　　　　　　　　　　　⑧ 专业的咨询机构或医院等
　　③ 在日本的朋友（日本人）　　　　　　⑨ 政府部门的咨询窗口
　　④ 在日本的朋友（本国人）　　　　　　⑩ 外国人咨询
　　⑤ 在日本的朋友（日本人·本国人以外）　⑪ 其他
　　⑥ 在祖国的朋友　　　　　　　　　　　⑫ 不咨询

II　关于朋友

1. 你以怎样的频率和以下朋友进行见面，发信息，打电话等交流呢？	没有	没太有	有一些	经常有
①日本人的朋友	1	2	3	4
②同一出身国的朋友	1	2	3	4
③不同出身国的外国人朋友	1	2	3	4
④祖国的朋友	1	2	3	4

2. 接下来的问题是关于你和在日本的朋友之间关系的。针对以下各个问题，请在符合你情况的数字上画○。	完全不符合	不太符合	基本符合	非常符合
① 当你遇到困难，凭借自己的力量解决不了的时候，朋友会帮助自己	1	2	3	4
② 很多事情朋友都能帮我一起商量，一起解决	1	2	3	4
③ 当你在经济上遇到困难的时候可以依靠朋友	1	2	3	4
④ 当你生病卧床时，朋友会照顾自己	1	2	3	4
⑤ 当你要搬家的时候，朋友会帮忙	1	2	3	4
⑥ 朋友会帮我做家务	1	2	3	4
⑦ 朋友理解我的心情	1	2	3	4
⑧ 当你有高兴的事时，朋友会像是自己的事一样为你高兴	1	2	3	4
⑨ 能够和朋友相互诉说彼此的想法和未来的事情	1	2	3	4
⑩ 因为有朋友在所以不觉得孤独	1	2	3	4

2

资　料

3. 针对以下各个方面, 你觉得自己为在日本的朋友做了多少呢?, 请在符合你情况的数字上画○。	完全不符合	不太符合	基本符合	非常符合
① 当朋友遇到困难, 凭借自己的力量解决不了的时候, 我会帮助	1	2	3	4
② 很多事情我都能帮朋友一起商量, 一起解决	1	2	3	4
③ 当朋友在经济上遇到困难的时候, 我会成为其依靠	1	2	3	4
④ 当朋友生病卧床时, 我会去照顾	1	2	3	4
⑤ 当朋友要搬家的时候, 我会帮忙	1	2	3	4
⑥ 我会帮朋友做家务	1	2	3	4
⑦ 我理解朋友的心情	1	2	3	4
⑧ 当朋友有高兴的事时, 我会像是自己的事一样为其高兴	1	2	3	4
⑨ 我会和朋友相互诉说彼此的想法和未来的事情	1	2	3	4
⑩ 朋友觉得因为有我在所以不觉得孤独	1	2	3	4

Ⅲ　对在日生活的满足度	非常不满	有一点不满	基本满足	非常满足
① 家庭生活	1	2	3	4
② 生活水平	1	2	3	4
③ 社会生活（工作和社会参与等）	1	2	3	4
④ 朋友关系	1	2	3	4
⑤ 休闲	1	2	3	4

问卷到此结束，感谢您的配合。

Ⅳ　采访调查

今后还将进行采访调查。如果您愿意接受采访，请填写以下内容。（采访时我将直接与您见面交谈，大概分成 2 到 3 次进行）

姓名	
联系方式（电话、邮箱等）	
使用语言	① 可以使用日语　②希望使用母语　③其他（　　　　　　　　　）

체크리스트① 이문화 스트레스

아래에 적혀있는 문항은 2 가지의 문화 속에 살면서 느끼는 스트레스입니다. 지난 3 개월 동안 아래의 스트레스를 어느 정도 느끼셨습니까?		전혀 느끼지 않는다	별로 느끼지 않는다	약간 느낀다	매우 느낀다	
A	① 향수병(homesick)	1	2	3	4	
	② 모국의 가족과 친구가 마음에 걸린다	1	2	3	4	
	③ 모국과의 연결을 상실하는 것	1	2	3	4	A 합계
	④ 모국어를 이야기할 기회가 적은 것	1	2	3	4	
B	⑤ 일본어를 말하는 것이 어렵다	1	2	3	4	
	⑥ 일본어를 듣는 것이 어렵다	1	2	3	4	
	⑦ 일본어를 읽는 것이 어렵다	1	2	3	4	B 합계
	⑧ 일본어를 쓰는 것이 어렵다	1	2	3	4	
C	⑨ 모국의 문화(습관, 종교, 가치관 등)를 이해받지 못한다	1	2	3	4	
	⑩ 일본의 문화(습관, 종교, 가치관 등)를 이해하기 어렵다	1	2	3	4	
	⑪ 외국인이기 때문에 가족·친척들과의 사귐이 순조롭지못하다.	1	2	3	4	C 합계
	⑫ 외국인이기 때문에 직장과 이웃들과의 사귐이 순조롭지못하다.	1	2	3	4	
D	⑬ 비자나 국적 등과 관련된 것	1	2	3	4	
	⑭ 외국인이기 때문에 노후에 일본에서 생활하는 것	1	2	3	4	
	⑮ 외국인이기 때문에 직업을 찾는 것이 어렵다	1	2	3	4	D 합계
	⑯ 차별받고 있다고 느끼는 것	1	2	3	4	
E	⑰ 일본음식이 맞지 않는다	1	2	3	4	
	⑱ 모국의 식재료를 구할 수 없다	1	2	3	4	
	⑲ 일본의 기후가 맞지 않는다	1	2	3	4	E 합계
	⑳ 일본의 주거환경이 맞지 않는다	1	2	3	4	

資　料

체크리스트② 스트레스 레벨

아래에 적혀 있는 문항을 잘 읽으신 후, 지난 1주 동안 당신이 느끼시고 행동하신 것을 가장 잘 나타낸다고 생각되는 숫자에 O표 하시기 바랍니다.	나는 지난 1주일 동안...			
	드물게 극히 (1일 이하)	가끔 (1~2일)	자주 (3~4일)	대부분 거의 (5~7일)
1. 평소에는 아무렇지도 않던 일들이 귀찮게 느껴졌다.	A	B	C	D
2. 먹고 싶지 않았다. 입맛이 없었다.	A	B	C	D
3. 가족이나 친구가 도와주더라도 울적한 기분을 떨쳐 버릴 수 없었다.	A	B	C	D
4. 다른 사람들만큼 능력이 있다고 느꼈다.	D	C	B	A
5. 무슨 일을 하든 정신을 집중하기가 힘들었다.	A	B	C	D
6. 우울했다.	A	B	C	D
7. 하는 일마다 힘들게 느껴졌다.	A	B	C	D
8. 미래에 대하여 희망적으로 느꼈다.	D	C	B	A
9. 내 인생은 실패작이라는 생각이 들었다.	A	B	C	D
10.두려움을 느꼈다.	A	B	C	D
11.잠을 설쳤다. 잠을 잘 이루지 못했다.	A	B	C	D
12.행복했다.	D	C	B	A
13.평소보다 말을 적게 했다. 말수가 줄었다.	A	B	C	D
14.세상에 홀로 있는 듯한 외로움을 느꼈다.	A	B	C	D
15.사람들이 나에게 차갑게 대하는 것 같았다.	A	B	C	D
16.생활이 즐거웠다.	D	C	B	A
17.갑자기 울음이 나왔다.	A	B	C	D
18.슬픔을 느꼈다.	A	B	C	D
19.사람들이 나를 싫어하는 것 같았다.	A	B	C	D
20.도무지 무엇을 시작할 기운이 나지 않았다.	A	B	C	D

득점	대답
B의 수 (　　) 개×1=	
C의 수 (　　) 개×2=	
D의 수 (　　) 개×3=	
합계	

203

앙케트 조사 협조를 부탁드리며

저는 현재 외국에서 일본에 오셔서 생활하시는 분이 이문화 (일본사회) 속에서 어떤 스트레스와 곤란을 겪고 , 어떻게 대처하면서 생활하고 있는지를 연구하고 있습니다 .

본 조사는 외국출신인 분들을 대상으로 하고 있습니다 . 조사는 학술적 공헌을 목적으로 하고 있으며 개인의 이익을 위한 것이 아닙니다 . 질문지는 무기명입니다 . 응답해 주신 내용은 통계적인 처리하여 그 정보가 외부로 누설되는 경우는 결코 없습니다 .

조사 데이터는 통계처리를 한 후 사용하기 때문에 , 가능한 한 많은 데이터를 모집하고자 합니다 . 많은 분들이 협조해 주신다면 정말 감사하겠습니다 . 하지만 본 조사는 자율적으로 실시되기 때문에 응답을 원하지 않는 경우에는 무리하게 응답하실 필요는 없습니다 . 원치 않으시는 분은 작성하지 않으셔도 됩니다 .

동의하신 분은 페이지를 넘기셔서 진행하여 주십시오 .

資　料

Ⅰ　먼저 해당되는 곳에 ○표 하시고 , 질문에 대답해 주십시오 .

1. 연령　　　　　　　　　　　　　　　　　　　　　　　만＿＿＿＿＿＿세

2. 성별　　　　　　　　　　　　　　　　　　　　①여성　②남성

3. 일본거주기간　　　　　　　　　　　　　＿＿＿＿＿＿＿＿＿＿년째

4. 출신국적
    ①중국　　　　②한국　　　　③필리핀　　　④브라질　　　⑤태국
    ⑥기타＿(구체적으로＿＿＿＿＿＿＿＿＿＿＿＿＿＿＿＿＿＿＿)

5. 체류자격
    ①일본국적　　②영주　　　　③일본인 배우자　④정주　　　⑤가족체제
    ⑥기타＿(구체적으로＿＿＿＿＿＿＿＿＿＿＿＿＿＿＿＿＿＿＿)

6. 일본어능력
    ①전혀모름　　②단어정도　　③서투른 회화　④일상생활에는　⑤통역과 번역이
    　　　　　　　　　　　　　　　　　　　　지장이 없음　　가능함

7. 직업
    ①무직 (주부)　②파트 타임・아르바이트 (비상근 통역・외국인 상담원 등)
    ③회사원　　　④자영업　　　⑤기타

8. 학력
    ①중졸　②고졸　③전문대・전문학교 졸업　④대졸　⑤대학원졸　⑥기타

9. 결혼 상황
    ①결혼하고 있음　　　　②이혼・사별　　　　　③독신→ 12 번으로

10. 배우자 (과거 배우자) 의 출신국적
    ①일본　　　　　　②본인과 동일 국적　　　③기타

11. 배우자 (과거 배우자) 와 어떻게 만나게 되었습니까 ?
    ①학교・직장　②친구를 통해서　③가족을 통해서　④결혼소개소　⑤기타

12. 자녀는 있습니까 ?　　　　　　　　　　　　　①있음　　　②없음

13. 본인 또는 가족이 마음의 문제 (심각한 고민) 을 가지고 있을 때 , 상담을 한다고 하면 누구에게
    이야기 합니까 ? (복수 선택 가능)
    ①일본의 가족　　　　　　　　　⑦종교관계자
    ②모국의 가족　　　　　　　　　⑧전문 상담기관이나 병원 등
    ③일본에 있는 친구 (일본인)　　⑨행정기관의 상담창구
    ④일본에 있는 친구 (한국인)　　⑩외국인 상담
    ⑤일본에 있는 친구 (일본인・한국인 이외)　⑪기타
    ⑥모국에 있는 친구　　　　　　　⑫상담하지 않는다

1

205

II 친구에 관해서

1. 하기와 같이 , 친구를 만나거나 메일을 주고 받거나 전화를 하는 등을 포함해서 어느 정도 교류를 하고 있습니까 ?	없다	별로 없다	약간 있다	빈번하게 있다
①일본인 친구	1	2	3	4
②같은 출신국 친구	1	2	3	4
③같은 출신국이 아닌 외국인 친구	1	2	3	4
④모국에 있는 친구	1	2	3	4

2. 일본에 있는 친구와의 관계에 대한 질문입니다 . 각각의 문항에 대해서 해당되는 번호에 ○표 해 주십시오 .	전혀 그렇지 않다	별로 그렇지 않다	약간 그렇다	매우 그렇다
① 귀하가 곤란한 일이 있어서 자신의 힘으로 어찌할 수 없을 때 도와 준다	1	2	3	4
② 여러가지 문제를 이야기하고 함께 고민한다	1	2	3	4
③ 귀하가 경제적으로 어려울 때 도움이 된다	1	2	3	4
④ 귀하가 아파서 누워있을 때 신변을 돌보아 준다	1	2	3	4
⑤ 이사를 해야할 때 도와준다	1	2	3	4
⑥ 가사일을 하거나 , 도와주거나 한다	1	2	3	4
⑦ 마음이 통한다	1	2	3	4
⑧ 귀하의 기쁨을 자신의 일처럼 기뻐해 준다	1	2	3	4
⑨ 서로의 생각이나 미래의 일 등에 대해 서로 이야기할 수 있다	1	2	3	4
⑩ 친구가 있기 때문에 고독하지 않다고 생각한다	1	2	3	4

3. 귀하가 일본에 있는 친구에게 아래의 문항에 대해서 어느 정도 해 주고 있다고 생각합니까? 각각의 문항에 대해서 해당되는 번호에 ○표 해 주십시오.	전혀 그렇지 않다	별로 그렇지 않다	약간 그렇다	매우 그렇다
① 친구가 곤란한 일이 있어서 자신의 힘으로 어찌할 수 없을 때 도와준다	1	2	3	4
② 여러가지 문제를 이야기하고 함께 고민해준다.	1	2	3	4
③ 친구가 경제적으로 어려울 때 귀하는 도움이 되는 존재이다.	1	2	3	4
④ 친구가 아파서 누워있을 때 신변을 돌보아 준다	1	2	3	4
⑤ 이사를 해야할 때 도와준다	1	2	3	4
⑥ 가사일을 해주거나, 도와주거나 한다	1	2	3	4
⑦ 친구의 마음을 이해해 준다	1	2	3	4
⑧ 친구의 기쁨을 자신의 일처럼 기뻐해 준다	1	2	3	4
⑨ 귀하는, 친구와 서로의 생각이나 미래의 일 등에 대해 서로 이야기한다	1	2	3	4
⑩ 친구는, 귀하가 있기 때문에 고독하지 않다고 생각한다	1	2	3	4

III 일본 생활의 만족도	매우 불만	약간 불만	약간 만족	매우 만족
① 가정생활	1	2	3	4
② 생활수준	1	2	3	4
③ 사회생활 (일이나 사회 활동 등)	1	2	3	4
④ 친구관계	1	2	3	4
⑤ 여가	1	2	3	4

질문은 이상입니다. 협조해 주셔서 감사합니다

IV 인터뷰 협조 부탁

앞으로 인터뷰 조사를 하려고 합니다. 인터뷰 조사에 협조해 주실 수 있는 경우에는, 아래의 사항을 기입해 주십시오. (인터뷰는 직접 찾아뵙고 이야기를 여쭙게 됩니다. 2～3회에 걸쳐서 실시할 예정입니다.)

이름	
연락처 (전화번호, 이메일 등)	
사용언어	①일본어 가능　②모국어를 희망함　③기타 (　　　　　　　)

おわりに

　私と心理学の出会いは、高校2年生のときでした。テレビで外国の呪術者が見るからに痛そうな治療を施しているにもかかわらず、患者は全く痛い様子もなく、とても満足気にしていたのです。今思うと、何か仕掛けがあったのかも知れません。「絶対に痛いに決まっている。それが痛くないってどういうことだろう……。人が痛くないと信じていれば、痛いと感じないということか！」と非常に強い衝撃を受けました。「その人の現実世界を作っているのは、自然科学や客観的事実ではなく、その人のこころである」ということ気づき、私の世界も180度変わってしまいました。

　それから紆余曲折あり、私は文化人類学の道に進みました。文化人類学では異文化、家族、結婚、ジェンダー、フィールドワークなど様々なことを学びました。臨床心理学を専門とする現在も文化人類学で学んだ多くのことが私の中に根付いています。文化人類学研究室の先生方、先輩方に感謝申し上げます。

　その後、一般企業に勤めましたが、心理学への思いが再燃し、臨床心理学の大学院に進むことになりました。山形大学大学院地域教育文化研究科で上山眞知子教授に出会えたことは、私の人生においてとても幸運なことでした。上山先生のご理解とご指導、そして励ましがあったからこそ、私は結婚移住女性のメンタルヘスを取り上げることができました。研究指導だけでなく、研究者としてのあり方を教えていただき、女性研究者としての先生は、私にとってのロールモデルでもありました。

　また宮城学院女子大学日本文学科のJ・F・モリス教授には、外国人支援や多文化共生について実践の場でご指導いただきました。時には冗談を交えながら、今現場では何が起こっているのか、どういった視点でその現象を捉えたらよいのかご教示くださいました。

その後に進学した東北大学大学院教育学研究科の上埜高志教授には、私のやりたいことを尊重してご指導いただきました。先行研究が少なく、社会学系の枠組みで捉えがちな私の思考をいつも的確に、精神医学・心理学的枠組みから修正してくださいました。また博士課程の途中で、妊娠・出産を経験しましたが、研究指導などフレキシブルに対応していただきました。

　副指導教員であった東北大学大学院教育学研究科の安保英勇准教授、博士論文の審査員を務めていただいた加藤道代教授には、博士論文として研究をまとめる際の全体的な流れや視点などについてご指導いただきました。研究に行き詰ったとき、いつも助けていただきありがとうございました。

　大学院生活の中では、たくさんの先輩や同期、後輩の皆様に支えられてきました。この場を借りて感謝申し上げます。

　結婚移住女性の研究をはじめてから現在に至るまで、Ａ国際交流協会にずっとお世話になってきました。定住外国人の状況をほとんど知らなかった私に、現場で何か起こっているのか一から教えてくださったのも、Ａ国際交流協会の方々でした。多くの外国の方に繋いでいただき、さらには、研究成果を現場に活かす機会を研修会というかたちで与えてくださいました。現場で働いているＡ国際交流協会の皆様に育ていただいたからこそ、常に研究の成果を現場に活かすことを意識して研究を進めることができました。

　また研究にご協力いただきました外国出身者の方々には、心から感謝申し上げます。定住外国人の方々は、留学生と違ってアンケート調査などはとても難しいというのが現状でした。必ずしも母語ではないアンケートに時間を割いて答えていただき、ありがとうございました。インタビュー調査にご協力いただい方々には、プライベートな内容まで大変貴重な経験を

お伺いすることができました。研究趣旨に賛同いただき、ご協力いただきました皆様の声を今後も研究に活かしていきたいと思います。

　今まで支えてくれた家族にも感謝してます。夫には、存分に内助の功を発揮していただきました。父・母・妹には、娘をたくさん可愛がってもらいました。娘へ、正直、様々な葛藤を抱えながらの研究過程でしたが、あなたが私を母にしてくれたことの意味はとても大きかったです。ありがとう。

　これまでの過程を振り返ると、多くの方々とつながりを築きながら研究活動を行っていたことに気づきます。はじめは、外国人の知り合いもいなく、当てもなく、ただ熱意だけがある学生でした。まさに結婚移住女性がソーシャルネットワークを失い、結婚家族のみを頼って日本にやってくるように。一つ一つの関係を築き、その関係に支えられながら、研究、博士論文を完成することができましたことを深く感謝いたします。皆様のご支援なしには、到底成し遂げることができなかったと思います。少しでも、みなさまに恩返しできるよう邁進していきたいと思います。

　最後に本研究の出版にあたり、快く引き受けてくださいました明石書店様、編集をご担当下さった森富士夫様に心よりお礼申し上げます。

2018 年 9 月

索 引

ア行

育児ストレス　30, 32, 33, 39, 41, 97
移動の女性化　18, 25, 161
異文化間カウンセリング　163, 166, 168
異文化間結婚　25, 96
異文化ストレス　3, 4, 30, 33, 37, 45, 55, 58, 78-84, 87, 89-94, 96, 97, 99, 100, 107, 112, 157, 158, 165
異文化性の強調　136, 137, 150, 151, 153, 160, 163, 168
異文化適応　5, 16, 35, 36, 40-42, 45, 113-118, 145, 146, 154, 156, 160-166, 168, 169
移民女性　14-16, 18, 43, 82, 161
エスニック集団　14, 16
援助要請　15, 43

カ行

外国人患者　27, 29
外国人女性　12, 19, 27, 28, 30-38, 45, 62, 81, 84, 96, 129, 167, 168
外国人女性患者　31, 44
外国人相談　4, 48-52, 57, 59, 60, 62, 65, 67, 74-76, 78, 79, 100, 156, 157, 166
外国人花嫁　13, 27, 36, 62, 159
外国人母親　38-40, 151
外国人比率　62, 93, 163
外的帰属　150
カルチャーショック　3, 122, 123, 146-148
キーパーソン　123, 147
QOL　23, 26, 43
継承語　84, 141, 151, 153
継承語教育　151, 153

結婚移住女性

結婚移住女性　3-5, 12, 14, 17, 19, 22, 23, 25- 27, 31, 35-38, 41-45, 58, 60, 69, 70, 72, 77-80, 82, 93, 94, 96-99, 108-111, 113-117, 120, 123, 137-139, 145, 147-154, 156-162, 165-169
結婚移民　12, 18, 43
結婚満足度　22, 82
言語ストレス　4, 89, 90, 92-95, 111, 158, 165
国際移動の女性化　18, 25

サ行

産後うつ　15, 25
社会文化ストレス　4, 89, 90, 92, 93, 108, 158, 169
手段提供サポート（手段サポート）　102, 104-106, 110, 111
情報手段受領サポート（情報手段サポート）　102, 106, 107, 111
情緒受領サポート（情緒サポート）　4, 102-106, 108, 110, 111, 159, 162, 163, 165, 167, 169
情報情緒提供サポート（情報情緒サポート）　104-106, 110, 111, 159
初頭効果　122
身体症状　29, 30, 31
身体的健康　23, 24, 97
心理教育　109, 159
ストレス反応　49, 50, 60, 68, 79, 80, 156
生活満足度　22, 32, 81, 82, 89, 90, 93, 107, 157, 158
精神科既往歴　29, 30
精神疾患　27, 60

精神的健康　4, 5, 22, 32, 33, 36, 37, 39, 42, 45, 81, 82, 96, 97, 99, 109, 113, 114, 117, 157-159, 161, 162, 167, 169

CES-D　82, 99, 101, 108, 115, 160

ソーシャルサポート　14, 15, 22, 24-26, 31, 34, 39-41, 43-45, 73, 81, 96-100, 102, 105-107, 110, 111, 153, 157-160, 162-164, 167

ソーシャルネットワーク　15, 34, 39, 41, 110, 129

タ行

第一次言葉の問題　122, 123, 147

第二次言葉の問題　126, 127, 148

多文化家族支援法　19

仲介婚　62, 78, 87, 127

TEA　116

TEM　116, 118-120, 160

DV　17, 19, 27, 37, 41, 71, 72

ナ行

内的帰属　150

内的リソース　5, 150, 151, 160, 163, 166, 168, 169

日本語能力　4, 5, 30, 78, 81, 84, 87, 90, 92-95, 97, 105, 107, 108, 111, 112, 127, 143, 147, 148, 151-153, 158-160, 162, 164, 165, 167, 169

ネイティヴ相談員　64

ハ行

文化間ストレス　30, 79

文化的ヒエラルキー　43

文化変容ストレス　22, 34, 79

Healthy-immigrant-effect　23, 24

ヘルスケア・システム　109

ヘルスシステム　15

変容ストレス　22, 34, 79

保護因子　45, 114, 145-147, 150, 153, 156, 160, 169

母国ストレス　83

ポジティヴ心理学　113

ホスト国ストレス　83

ホスト社会　14, 17, 43, 117

マ行

メールオーダーブライド　17

メンタルヘルス　3-5, 11-16, 19-28, 31, 33, 34, 36, 37, 39-45, 49, 50, 59, 78, 79, 93, 96, 97, 109, 112, 156, 159-164, 166, 168, 169

モデリング　40, 132, 151

問題の一般化　151, 153, 160, 168

ヤ行

抑うつ　5, 16, 22-25, 32, 34, 35, 38, 39, 73, 97, 99, 101, 107-109, 111, 112, 115, 158-160, 162, 165, 167, 169

ラ行

ライフイベント　5, 30, 31, 42, 44, 45, 77, 79, 113, 114, 116, 129, 145, 146, 148, 153, 156, 160, 164, 169

離郷ストレス　4, 89-93, 95, 158

著者紹介

一條玲香（いちじょう・れいか）

2007年、東北大学大学院文学研究科人間科学専攻博士課程前期2年の課程修了（文化人類学専攻）。2012年、山形大学大学院地域教育文化研究科臨床心理学専攻修了。2017年、東北大学大学院教育学研究科総合教育科学専攻博士課程後期3年の課程修了（学位：教育学）。専門は、臨床心理学。臨床心理士。現在は、東北大学大学院教育学研究科震災子ども支援室、特任助教。

〔主な業績〕

「外国人相談における相談員のストレス尺度の作成」（日本ヒューマン・ケア心理学会編、『ヒューマン・ケア研究』、19(1)、印刷中）、「在住外国人のエンパワーメントとメンタルヘルス─公益財団法人宮城県国際化協会の活動を事例として─」（東北大学大学院文学研究科東北文化研究室編、『東北文化研究室紀要』、59、2018年）、「結婚移住女性の異文化適応過程─子どものいない事例を通して─」（東北大学大学院教育学研究科編、『東北大学大学院教育学研究科研究年報』、64(2)、2016年）、「『外国人の立場から東日本大震災をふりかえる会』に関する一考察」（J. F. モリス・公益財団法人宮城県国際化協会・公益財団法人仙台国際交流協会編、『東日本大震災からの学び』、2015年）、「在住中国人女性の異文化適応における困難とサポート要因─日本人と結婚した中国人女性のPAC分析を通して─」（日本心理臨床学会編、『心理臨床学研究』、33(1)、2015年）など。

結婚移住女性のメンタルヘルス
異文化ストレスと適応過程の臨床心理学的研究

2018年10月25日　初版第1刷発行

著　者	一　條　玲　香
発行者	大　江　道　雅
発行所	株式会社 明石書店

〒101-0021　東京都千代田区外神田 6-9-5
電　話　03 (5818) 1171
ＦＡＸ　03 (5818) 1174
振　替　00100-7-24505
http://www.akashi.co.jp

装丁　　明石書店デザイン室
印刷　　株式会社文化カラー印刷
製本　　本間製本株式会社

（定価はカバーに表示してあります）　　　　　　ISBN978-4-7503-4738-7

JCOPY　〈(社) 出版者著作権管理機構　委託出版物〉
本書の無断複写は著作権法上での例外を除き禁じられています。複写される場合は、そのつど事前に、
(社) 出版者著作権管理機構（電話 03-3513-6969、FAX 03-3513-6979、e-mail: info@jcopy.or.jp）の許諾を得て
ください。

国際結婚と多文化共生　多文化家族の支援にむけて
佐竹眞明、金愛慶編著　●3200円

国際結婚　多言語化する家族とアイデンティティ
河原俊昭、岡戸浩子編著　●2600円

詳解　国際結婚実務ガイド　国別手続きの実際から日本での生活まで
榎本行雄編著　森川英一、中井正共著　●2000円

国際結婚・離婚ハンドブック　日本で暮らすために知っておきたいこと
田代純子　●2000円

定住・永住・国際結婚
謝俊哲編著　●2000円

日本人女性の国際結婚と海外移住　多文化社会オーストラリアの変容する日系コミュニティ
濱野健　●2800円

日本に暮らすロシア人女性の文化人類学　移住、国際結婚、人生作り
ゴロウィナ・クセーニヤ　●4600円

韓国人女性の国際移動とジェンダー　グローバル化時代を生き抜く戦略
柳蓮淑　●7200円

●5700円

移住者と難民のメンタルヘルス　移動する人の文化精神医学
ディネッシュ・ブグラ、スシャム・グプタ編
野田文隆監訳　李創鎬、大塚公一郎、鵜川晃訳　●5000円

パートナー間のこじれた関係を修復する11のステップ
DBT[弁証法的行動療法]で身につける感情コントロール・対人関係スキル
アラン・E・フォレンゼッティ著　石井朝子監訳　西川美樹訳　●2600円

カップル関係に悩む女性のためのガイド　別れる、それともやり直す　うまくいかない関係に潜む支配の罠を見抜く
ランディ・バンクロフト、ジャク・パトリッシ著
高橋睦子、中島幸子、栄田千春、岡田仁子監訳　阿部尚美訳　●2800円

メンタルヘルス不調のある親への育児支援　保健福祉専門職の支援技術と当事者・家族の語りに学ぶ
蔭山正子　●2800円

異文化間介護と多文化共生　誰が介護を担うのか
川村千鶴子、宣元錫編著　●2500円

家族・地域のなかの女性と労働　共稼ぎ労働文化のもとで
木本喜美子編著　●3800円

婦人保護施設と売春・貧困・DV問題　女性支援の変遷と新たな展開
須藤八千代、宮本節子編著　●2600円

シングル女性の貧困　非正規職女性の仕事・暮らしと社会的支援
小杉礼子、鈴木晶子、野依智子、横浜市男女共同参画推進協会編著　●2500円

〈価格は本体価格です〉